長崎と天草地方の潜伏キリシタン関連遺産

日本のユネスコ世界文化遺産

山口　百々男　【著】

サンパウロ

はじめに

　「平成」という時代の幕が下りようとする平成30（2018）年6月30日、ユネスコの世界文化遺産に「長崎と天草地方の潜伏キリシタン関連遺産」が登録されました。

　この構成資産の中心は、江戸時代初期のキリシタンの「禁教と迫害」の始まりから明治初期のキリシタンの「解禁と復活」までの約250年間に及ぶ、『潜伏キリシタン』の歴史です。今に息づく『隠れキリシタン』の歴史は構成資産に含まれていません。

　江戸幕府の厳しい禁教政策における迫害の中で、宣教師や信徒たちは殉教も辞さない強い信仰を示し、潜伏してまでもその信仰を守り続けたのです。約250年という長い禁教下、ひそかに祈りをささげ続けた、世界的に希有な世界文化遺産です。12の構成資産のうち、国宝は「大浦天主堂」（現存する国内最古のキリスト教会）のみで、島原・天草一揆の舞台となった原城は建物は現存せず、「原城跡」だけです。他の構成資産は「集落」とその「集落跡」です。一見、地味な世界文化遺産のようです。しかしその内容は、広大な奥深さを秘めていることを痛感します。

　この世界文化遺産が登録されるまでには11年の長い歳月を要し、やっと陽の目を見るに至ったのです。イコモス（＝ICOMOS［国際記念物遺跡会議］）世界遺産委員会が指摘したのは、「華やかな教会群ではなく、禁教期における潜伏キリシタンの歴史と文化に焦点を当てるべき資産構成」でした。日本におけるキリスト教の伝来と繁栄、禁教と迫害、解禁と復活といった長い歴史の中、特に潜伏キリシタンが禁教政策の中で、厳しい弾圧に耐え、仏教あるいは神道を隠れみのとしてひそかにキリスト教の信仰を命がけで守り続けた歴史です。長崎と天草地方において厳しい生活条件のもとに、既存の社会や宗教（仏教・神道）と共存しながら、独特の伝統文化を育んだ歴史ドラマです。

　「結びに代えて」の中でも述べるように、潜伏キリシタン時代に長崎と天草

地方に生きた日本の潜伏キリシタンやヨーロッパの宣教師が残した尊い世界文化遺産は、当時の日本人とヨーロッパ人（スペイン・ポルトガル・イタリアなど）という全く異なる民族が相互の長所を評価し、尊敬の念をもってなされた真の人間交流の偉大な足跡です。国境を越えた人間の尊い生き様を今に伝えています。

　長崎教区の高見三明大司教が『世界遺産登録の意義を考える』と題する講演会を行い、次のような趣旨でお話しされています（「カトリック新聞」2018年7月8日）。

　高見大司教様ご自身も、長崎の潜伏キリシタン家系のご出身です。

　日本初のキリスト教関連の世界遺産となることを、大変ありがたくうれしく思います。……信者たちは為政者にあらがうことなく、声に出さずとも信教の自由という基本的人権を貫き、この世のものよりも神への信仰を優先させ、永遠に価値あるものを希望し続けました。彼らのこの生き方は崇高です。先人の信仰を称えます。……1873年解禁後、キリシタンたちは教会を建設します。こうした教会を中心にして、キリシタンたちは信仰を存続してきました。今回、「ユネスコ世界文化遺産」と認められた教会はほんの一部ですが、キリシタンの繁栄・潜伏・復活の歴史を静かに証ししています。「世界遺産」に認められた教会だけでなく、それぞれの背後にある人々の歴史に思いをはせ、心の糧にしていただければ幸いです。

令和2年　早春

著者　山口百々男

目　次

目　次

6

目　次

結びに代えて

付 記

第Ⅰ部
日本キリシタン小史

第1章 キリシタン時代（宣教と繁栄）

【1】 室町時代 (1336-1573)

✝ キリスト教の伝来と展開

　1549（天文18）年8月15日、イエズス会を創立したグループの1人、フランシスコ・ザビエルは中国船に便乗して他の2人のイエズス会員（コスメ・デ・トルレス神父、ジュアン・フェルナンデス修道士）と、鹿児島出身の日本人通訳者ヤジロー（アンジロー）と共に鹿児島に上陸しました。当時の日本は戦乱期で、種子島への鉄砲伝来から6年後のことでした。ザビエルは薩摩（現・鹿児島県）藩主の島津貴久 (1514-71) からキリスト教を宣教する正式な許可を得て、日本に初めてカトリックの教えを伝えました。各地の大名は南蛮船の来航を求めて、鉄砲などの南蛮貿易と引き替えに、キリスト教を受け入れました。ザビエルとイエズス会の宣教師たちは、西日本を中心にキリスト教の宣教を即刻開始しました。その頃、約100人が受洗しました。ヤジローは自分の母、妻子、親戚知人をキリスト教に導きました。ザビエルは1年間ほどで薩摩での宣教を終えました。

　1550（天文19）年6月にポルトガル船が平戸に入港したのを聞いて、ザビエルはトルレス神父とフェルナンデス修道士を伴って、国際貿易港として繁栄する平戸島に向かいました。当時、平戸は中国との交易を始めた商業活動の活発な地でした。

　平戸藩主の松浦隆信 (1529-99) はザビエルを温かく歓迎し、ポルトガルとの地元貿易が促進できる条件で宣教活動の許可を与えました。ザビエルは平戸に3カ月ほど滞在し、その間、教理を説き、宿主である木村氏をはじめ、約180人の領民に洗礼を授けました。この木村一族の中から最初の日本人司祭、セバスチャン木村神父、レオナルド木村神父、アントニオ木村など、キリ

シタン史上、有名な殉教者が生まれました。その後、平戸での信徒の共同体の指導をトルレス神父に一任したザビエルは、九州地方・山口地方・畿内地方など、日本国内で宣教活動を展開しました。

　1550（天文19）年10月、ザビエルは天皇から宣教の許可を受けること、そして「被昇天の聖母」にささげた教会を建てる目的で、当時日本の首都であった京都にフェルナンデス修道士と向かいました。小舟で博多（福岡）に渡り、その後は陸路で山口へ行きました。山口から商業都市・堺（当時の大坂）までは船旅でした。

　1551（天文20）年1月、ザビエルは京都に到着します。ところが、応仁の乱（1467-77）に明け暮れた京都の町はすっかり荒れ果て、天皇も幕府も国を治める力はなかったのです。宮殿の華麗さはまったく見られなかったのです。夢やぶれたザビエルは天皇に謁見することなく、京都を後にしました。ザビエルの願いは、その後の宣教師たちによって受け継がれました。

　ザビエルは再度、山口、そして平戸へ向かいました。1551（天文20）年、山口では周防藩主・**大内義隆**（1507-51）に謁見し、宣教活動の許可を得ます。義隆は無住の寺を住居としてザビエルに提供しました。当時、山口は「西の京」と呼ばれ、京都から戦乱を逃れて来た貴族や文化人らによって、宮廷文化が花開いていました。

　山口に来て2カ月半ほどは、受洗者がいない宣教が続きました。ところがある日、**フェルナンデス修道士**（1526-67）が路上で説教中、通行人の一人の男がフェルナンデスの顔につばを吐きかけました。しかし彼は冷静に布で顔を拭き、そのまま何事もなかったかのように話を続けました。男はフェルナンデスの態度に感動して、後日キリスト教徒になりました（バリニャーノの記録より）。聴衆はフェルナンデスの人柄に強い感銘を受け、教理を研究し、受洗しました。その後、一般庶民だけでなく知識人や文化人も改宗しました。山口では4カ月の間に、約500人が洗礼を授かりました。その受洗者の中に、**ロレンソ了斎**（1526-92）と呼ばれる目の不自由な琵琶法師がいました。平戸出身のこの若い琵琶法師がザビエルの話に非常に関心を寄

せ、「天の父とは、どのようなお方ですか」と聞きただすほどでした。ザビエルは「この人は目が不自由ですが、イエスさまの教えが誰よりもはっきりと見えています」と感心しました。ロレンソ了斎は、イエズス会に入会した最初の日本人となりました。彼はイエズス会の強力な宣教師になり、説教師として多くの人に福音を伝えました。ロレンソ了斎によって九州から京都にかけて、キリスト教への改宗者が6千人にも上ったと言われます。

　1551（天文20）年9月、ザビエルは豊後府内（現・大分県）の藩主・大友義鎮（後の宗麟（1530-87））の招きで豊後に向かいました。ザビエルは大友に歓迎され、宣教の許可を得ます。そして1578（天正6）年、大友宗麟はカブラス神父より洗礼を授かりました。洗礼名はザビエルにちなんで、フランシスコとしました。

　ザビエルは日本で宣教活動をしながら、キリスト教への改宗者の多いことに驚きました。宣教する最初の段階で、ザビエルはキリスト教の「神」と、日本人が拝む真言宗の本尊である「大日如来」を彼らが混同していることを知り、愕然とします。ザビエルは「大日如来」といったような日本語で、キリスト教の神を表現することを認めなかったのです。そこで彼はラテン語、またはポルトガル語が理解できる日本人信徒の助けを借りて、キリスト教の神を意味するベーシックな言語であるラテン語と、ポルトガル語を使用しようと決めました。そして混同を避けるために、太陽を象徴する仏である「大日如来」の代わりに、キリスト教の唯一絶対神を「デウス」（ラテン語で「神」の意味）と初めて名付けました。しかし当初、信徒によっては「デウス」（Deus）と「大日」（Dainichi）がほとんど似た発音であったため、混同することもあったようです。

　ザビエルは日本での2年3カ月に及ぶ宣教活動を終え、1551（天文20）年11月に日本を去りました。彼の日本滞在中、カトリックに改宗した人は約700人でした。日本での見聞や体験を記した書簡の中でザビエルは、日本人を非常に高く評価していて、この書簡によって日本におけるキリスト教の現実が初めてヨーロッパ社会に紹介されました。

　日本を去るに際してザビエルは、宣教活動をトルレス神父に委ねました。**トルレス神父**（1510-70）は日本の習慣や民族性に適した宣教を実践したため、キリスト教への改宗者（40人）が急増しました。1年後に、トルレス神父は平戸から山口に移りました。1556（弘治2）年、毛利元就（1497-1571）が山口を占領するまで宣教は続けられました。ザビエルの離日後、トルレス神父は第2代日本布教長になりました。その後、トルレス神父は山口を去り、大友宗麟の本拠地である豊後府内（現・大分県）へ移りました。それに伴って、府内は日本キリシタン教会の中心地となりました。

　その後、トルレス神父は北・西九州へと宣教活動を展開しました。スペインやポルトガルから来日した宣教師たちは、信徒の増加に対応するため教会を建てて宣教を進めるとともに、文化・教育・厚生事業などを手がけました。そして教会に隣接して、必ずといってよいほど医療施設を設置しました。通院ができない患者には、医師の伝道師が遠く離れた地まで自ら往診に出向き、人々の信望を集めながら宣教活動を行いました。宣教師たちの熱心な活動と人間的魅力が、さらにいっそう宣教に力を添えたのでした。こうした宣教師たちの熱心な活動により、キリスト教徒の数は九州（特に長崎と天草地方、さらには五島列島）を中心に拡大しました。17世紀初頭には、キリスト教徒の数は約40万人に達し、長崎市だけでも約4万人を数えたと言われています。

✝ キリシタン大名の登場と宣教活動

　16世紀中期に来日した宣教師たちは宣教するに当たって、まず長崎と天草地方の大名（領主）にキリスト教の教えを説き、彼らを仏教または神道からキリスト教に改宗させました。その後、大名がその家臣と領民を集団でキリスト教に改宗させました。

　キリスト教の世界では、大村純忠、有馬晴信、大友宗麟、そして小西行長といった有名な戦国大名がいて、彼らはすべてキリスト教に改宗しました。これらの大名は九州における「**キリシタン大名**」と呼ばれ、宣教師

を保護し、キリスト教の宣教活動を支援しました。当時はキリシタン大名が35人以上いた、と言われています。

　大村純忠（1533-87）は1563（永禄6）年、25人の家臣とともにトルレス神父から洗礼を授かり、日本で最初のキリシタン大名（洗礼名：バルトロメオ）となりました。その後3カ月の間に、家臣約2,300人と多数の領民がキリスト教へと改宗しました。純忠の妻子やその家族たちも受洗しました。純忠は信仰に熱烈なあまり、領内の寺院や仏教徒の住居を破壊するほどでした。1570（元亀元）年、純忠は長崎の港を貿易港として開港し、その後、長崎は国際的に発展しました。純忠は領地内での宣教活動を鼓舞し、1580（天正8）年には長崎の中心地と茂木地区をイエズス会に寄進し、長崎は多数の教会と信徒とともにさらに発展しました。開港と同時にできた「岬の教会」にはイエズス会の本部が置かれ、日本のキリスト教の中心地となりました。1585（天正13）年の時点では、87の教会と約45,000人のキリシタンが存在し、キリシタン文化も繁栄し、長崎は「小ローマ」と呼ばれるほどになりました。

　1569（永禄12）年、**ルイス・フロイス**（1532-97）は京都の二条城にて**織田信長**（1534-82）と将軍・足利義昭（1537-97）に拝謁し、信長より宣教の許可を得ました。京都には教会が、有馬にはセミナリヨ（小神学校）が、そして府内にはコレジオ（大神学校）などが建設され、畿内と九州では約150もの教会を数え、信徒数は約10万人に達したと言われます。

　1579（天正7）年、イエズス会司祭アレッサンドロ・ヴァリニャーノ（1539-1606）が巡察師として長崎へ赴任し、各宣教地を精力的に巡回しました。神父は日本独自の風習が障壁となって宣教を難しくしていることを痛感したので、ヨーロッパの文化を押しつけるのではなく、日本独自の文化を尊重しながら宣教する方針を示しました。その一環として翌年（1580年）ヴァリニャーノ神父は、有馬と安土に日本人宣教師を養成するためのセミナリヨ（小神学校）を、そして島原にコレジオ（大神学校）を設立します。日本で初の西洋学校の誕生です。ヴァリニャーノ神父が有馬に滞在していた3カ月の間に4,000人以上が受洗し、離教していた7,000人以上がキリスト教に戻り

ました。神父は、「日本人の多くは領主の命令によってキリスト教に改宗したのである」と報告書に記しています。

　　有馬晴信（1567-1612）（大村純忠の甥）は1580（天正8）年、ヴァリニャーノ神父から洗礼を授かり、キリシタン大名（洗礼名：ドン・プロタジオ）になりました。1584（天正12）年に晴信は自分が統治する浦上をイエズス会に寄進し、そのため浦上にキリスト教徒が多数増えました。晴信は40以上の寺社を破壊し、これをカトリック教会として転用しました。秀吉の伴天連追放令の時にも、領内でイエズス会宣教師を保護しました。大村氏と有馬氏は親戚関係にあり、両大名はともにキリシタンを保護し、イエズス会を公認していました。そして教会の発展に大いに寄与しました。

　　1581（天正9）年、ヴァリニャーノ神父は京都で織田信長に拝謁し、キリシタン大名の高山右近にも面会しました。織田信長は、外国人宣教師がもたらす西洋の文化を積極的に取り入れ、日本在住のイエズス会宣教師を手厚く保護し、京都で教会を建立するに際して支援を惜しみませんでした。しかし信長自身は、キリスト教に改宗することはありませんでした。

【2】 安土・桃山時代（1573-1603）〰〰〰〰〰〰〰〰〰〰〰〰〰

✝ 天正遣欧少年使節

　　長崎地区は日本におけるキリスト教の宣教活動の中心地でした。1580（天正8）年、ヴァリニャーノ神父は有馬にセミナリヨ（小神学校）を建てました。1582（天正10）年、神父は第一次の巡察を終えて日本を離れる際に、九州のキリシタン大名3人（大村純忠、有馬晴信、大友宗麟）の名代として、ローマ教皇に謁見させるために日本で最初の「**天正遣欧少年使節**」派遣を計画しました。1582（天正10）年の神学生は、セミナリヨの第1期生たちです。

　　3大名は、十代の少年使節団4人（伊東マンショ、原マルチノ、千々石ミゲル、中浦ジュリアン）をローマへ派遣しました。使節の主たる目的は、日本での宣

教の成果をローマ教皇やポルトガル国王に示すこと、ヨーロッパ諸国にイエズス会の宣教実績を見せること、さらにヨーロッパ人には日本と日本文化を、そして日本人にはヨーロッパにおけるキリスト教世界を知ってもらうことでした。

　1582（天正10）年、使節団の一行はポルトガル船で長崎港を出発し、ヨーロッパに向かいました。1584（天正12）年、4人の少年使節はスペイン国王フェリペ二世に謁見しました。1585（天正13）年には、ローマ教皇グレゴリウス十三世に謁見します。彼らは教皇からローマの市民権を与えられました。また訪れたヨーロッパのいろいろな都市から温かく歓迎され、1590（天正18）年7月に、8年半に及ぶ長旅を終えて日本（長崎）に帰国しました。この時、使節を派遣した大村純忠と大友宗麟はすでに他界しており、有馬晴信のみが生存していました。1591（天正19）年、豊臣秀吉は帰国した天正遣欧少年使節の一行を京都の聚楽第に喜んで迎え、その時、少年たちが披露した西洋音楽を楽しみました。

　4人の少年使節は京都から長崎に帰ると、イエズス会のノヴィシアード（修練院）、そしてコレジオ（大神学校）で勉強を続けました。1593（文禄2）年には三誓願（清貧・貞潔・従順）を宣立し、正式にイエズス会の修道士になりました。1601（慶長6）年には司祭になるため、マカオのコレジオ（大神学校）に移り、神学を学んで1604（慶長9）年、長崎に帰国しました。

　1608（慶長13）年に伊東、原、中浦の3人は長崎で初めて司祭に叙階されました。「伊東マンショ」（1569-1612）は日向、小倉、山口で宣教し、1612（慶長17）年に長崎で病死します。「原マルチノ」（1569-1629）は1614（慶長19）年、徳川幕府によって日本から追放され、1629（寛永6）年にマカオで死去するまで、当地で宣教活動を続けました。「千々石ミゲル」（1569-1633）はイエズス会を退会し、1633（寛永10）年、長崎にて死去しました。棄教したわけではありません。「中浦ジュリアン」（1568-1633）は、九州（長崎・熊本・福岡）でキリスト教弾圧期の迫害に苦しむ潜伏キリシタンを20年近く励ましながら、司牧活動に献身していました。しかし彼は小倉で捕えられ、1633

19

（寛永10）年10月21日、残酷な拷問（穴吊りの刑）を受け、殉教者として長崎で帰天しました。65歳という老いの身であった中浦神父は、4日間も続く拷問に耐えて息を引き取ったと記録されています。2008（平成20）年に、ローマ教皇ベネディクト十六世によって「列福」（155ページ）されました。中浦ジュリアン記念公園の銅像は、ローマの方向を指さしています。

　宣教師たちは九州から始めて、山口や畿内といった他の地方へと宣教活動を広げました。彼らは長崎の有馬領や大村領、そして肥後国（現・熊本県）の天草領に「組」という信徒の自助グループをつくり、いつの日か宣教師や司祭の指導を受けられない時期が来た場合、自分たちで信仰を実践できるように配慮しました。特に長崎と天草地方は日本におけるキリスト教の宣教拠点になり、信徒の間で「ミゼリコルディア」、または「コンフラリア」などといった「組」という信仰互助組織、または信仰共同体がつくられました。そして、それぞれの集落ごとの指導者によって宗教的な祭儀や儀式が挙行できるよう配慮されました。「水方」は、司祭を代行して洗礼を授けます。「帳方」は、典礼のカレンダー（典礼暦／教会暦）を遵守するように管理します（➡コラム（4））。

✝ 伴天連追放令

　1582（天正10）年、織田信長が本能寺で討たれます。信長の死後、実権を握った後継者の豊臣秀吉は、信長の政策を踏襲し、当初はキリスト教を庇護するほど寛容でした。秀吉は1586（天正14）年、イエズス会司祭と修道士10人ほどを天守閣で歓待しました。やがて秀吉は、全権をもって統治していた民衆の考えの中に、キリスト教によって危険な思想が吹き込まれるのではないかという疑念と、一抹の不安をいだくようになりました。「キリスト教は全国統治を完遂するうえで支障をきたす」と秀吉は決めつけました。

　1587（天正15）年、九州を平定した豊臣秀吉は、長崎がイエズス会の領地になっていること、また寺社が焼かれていることを耳にして、博多（福岡）で「伴天連追放令」を発令しました。宣教師は20日以内に日本から退去すべ

きことが命令されました。宣教師たちはマカオやマニラといった国外へ追放を余儀なくされました。有名なキリシタン大名高山右近は、信仰を守り通したために領地と地位をすべて剥奪されました。

　1588（天正16）年、秀吉は有馬・大村の領地にある教会を破壊するようにも命じました。また1592（文禄元）年には長崎を直轄地にし、教会の財産を没収しました。そのため日本におけるキリスト教の宣教活動は困難に直面し、さらにはキリシタンへの迫害・処刑という、キリスト教徒の殉教の歴史が始まりました。一方、この伴天連追放令は、外国人宣教師と修道士の国外追放を盛り込んだものでしたが、南蛮貿易は容認していて、取り締まりは徹底されていませんでした。それでポルトガル船と切り離せないキリスト教を、次第に黙認するようになりました。このため、宣教師はひそかに宣教活動を続けていました。秀吉の禁教令にもかかわらず、日本に潜伏するカトリックの司祭はかなりいました。また信徒の霊的な世話をするためにひそかに日本に再入国する司祭もいました。

✝ 日本二十六聖人殉教

　1596（慶長元）年、スペイン船「サン・フェリペ号事件」が起こります。貿易船サン・フェリペ号がマニラからメキシコに向かう途中、台風に遭って日本の土佐沖に漂着しました。この事件をきっかけとして、宣教師の宣教活動を通してスペインやポルトガルが日本を植民地化し征服する意図があると、同船の船員から知らされて、秀吉は激怒しました。特に1593（文禄2）年に来日したフランシスコ会の宣教師たちが、禁教下にもかかわらず公然と積極的に宣教活動を行っているのを知り、京都奉行の石田三成（1560-1600）に宣教師とキリシタンを捕縛し、処刑するよう命じました。秀吉は日本統一の途上にありながら、キリスト教の禁教をさらに激化させました。そのキリシタン弾圧の見せしめとして、キリシタンの殉教が行われるようになりました。

　1597（慶長2）年には、京都・大坂で宣教活動を展開していたスペインと

縁の深いフランシスコ会宣教師6人のほか、日本人イエズス会員のパウロ三木を含む3人、そして少年3人（12歳のルドビコ茨木、13歳のアントニオ、14歳のトマス小崎）を含むキリスト信者15人の合計24人が捕らえられました。24人は見せしめとして京都で左耳たぶをそがれ、牛車で町中を引き回されました。その後京都を出て、大坂から長崎まで、寒い冬空の下、後ろ手に縛られながら裸足の旅が続けられました。旅の途中、信仰を証しするかのように2人の信徒が自発的に加わり、総勢26人になりました。彼らの長崎までの「死出の旅路」は約900 km、所要行程は約1カ月にも及びました。1597年2月5日（慶長元年12月19日）、26人は長崎の町と海を見晴らす長崎・西坂の丘（現・西坂公園）で十字架に縛りつけられ、槍で刺されて処刑されました。世に言う、「日本二十六聖人殉教者」です。後年、1864（元治元）年に創建された大浦天主堂の内陣には、処刑される「日本二十六聖人殉教者」がそろって昇天する様子を描いた油絵が掲げられています。

　12歳の少年ルドビコ茨木は、「キリスト教を棄てるなら命を助ける」と話を持ちかけられましたが、少年はきっぱりと断りました。ルドビコが殉教前に「わたしはすぐに過ぎていくこの世のいのちよりも、ずっと続く神さまからのいのちを選びます」と言った最後の言葉が残されています。

　パウロ三木の最後の言葉です。「神のみ子イエス・キリストが人類の救いのために十字架上の犠牲を果たされたのは33歳のときであり、いま33歳になった私もわが命をささげることになったのはうれしく思います。またキリストさまと同じ木曜日に逮捕され、明朝、金曜日に私も血を流すことになるでしょう。このような形で主のみ跡を慕いまつる幸福を与えられたことを、喜びの涙で感謝します」（『長崎の二十六聖人の殉教記録』ルイス・フロイス記）（➡コラム（3））。

　26人の清らかな殉教者たちを見守る人々（約4,000人）の中には、死の間際まで神への祈りをささげている殉教者たちの崇高な姿に深く感動して、キリシタンに改宗する者も多数いたと伝えられています。

　1627（寛永4）年、ローマ教皇ウルバノ八世は26人の殉教者全員を「福

者」に列し、1862（文久 2）年 6 月 8 日には 教 皇ピオ 九 世によって、「聖人」の列に加えられました。これを機に、大浦天主堂の建設 準 備が始められました。1950（昭 和 25）年には、 教 皇ピオ 十 二世によって西坂の 殉 教 地は公式 巡 礼地に指定されました。

　現在、「日本二 十 六聖人記念館」と「日本二 十 六聖人記念碑」が、長崎県の史跡・西坂の丘にある西坂公園に隣接しています。1981（昭 和 56）年、ローマ 教 皇ヨハネ・パウロ二世は 殉 教 地である西坂の丘を 訪 れました。また「信徒発見」の大浦天主堂（正式名 称「日本二 十 六聖人 殉 教 者天主堂」）にて祈りをささげました。平成から令和の時代に移る 2019 年の 11 月 23 日から 4 日間の日程で、現ローマ 教 皇フランシスコが訪日され、長崎を 訪 れました（➡「教 皇フランシスコの訪日」、付記（3）31 ページ）。

★「長崎日本二 十 六聖人像」（1962年 創建）は、彫 刻家の舟越保武（1912-2002）の代表 作の一つです。26 人は腰に布を巻いただけの 姿 で 殉 教 しましたが、意図的に 着 衣の 姿 になっています。

【3】江戸時代（1603-1868）

✝ キリスト 教 禁 教 令

　西坂の丘で 26 人の 殉 教 者が処刑された翌年の 1598（慶 長 3）年に、豊臣秀吉は没しました。秀吉の死後、1600（慶 長 5）年の関ヶ原の 戦 いに 勝 利した徳川家康（1542-1616）は政権を握り、1603（慶 長 8）年に江戸に徳川幕府を開きました。当初、家康は宣 教 師によるキリスト 教 の宣教 活動や日本人によるキリスト 教 への信仰を黙認しました。家康はイエズス会、フランシスコ会、ドミニコ会などの代 表 者と謁見し、初めはキリスト 教 には好意的でした。そのためキリスト 教 は、 急 速に全国に広まり、江戸や京 都にも「 教 会」が多数建設されました。

　宣 教 師たちが日本にもたらしたのは「キリスト 教 」だけではなく、「自然

科学」（天文学、地理学、物理学、数学、医学、薬学）、「科学技術」（航海術、印刷術、測量術）、さらには「芸術や文物」（音楽、絵画）などがあり、日本文化の近代化と近代科学勃興の基礎となったのです。特に天正遣欧少年使節団が持ち帰った「活版印刷機」と彼らが連れ帰った数人の印刷工は、当時の日本文化に新しい目を開かせました。なかでも日本の文化に多大な影響を与えたのはグーテンベルグ印刷機です。天草では、印刷物の中にキリスト教関連の宗教書や祈とう書だけでなく、『イソップ物語』や『平家物語』などといったローマ字本の訳書もありました。

　1601（慶長6）年から1614（慶長19）年までの13年間、長崎の教会は黄金時代でした。長崎には10を越える教会が建ち、その間、7人の司祭が叙階され、修道院、学校、病院、セミナリヨ（小神学校）などが多数建設されました。「岬の教会」の跡地には「被昇天のサンタ・マリア教会」が1601年に完成し、セミナリヨや印刷所などが併設されました。さらには、今で言うボランティア活動の「ミゼリコルディア（慈悲の組）」が組織され、隣人への奉仕をすることによって「精神文化」にも寄与しました。

　大村、有馬、天草などは、まるでキリスト教国のようでした。また家康は、自らの家臣を長崎奉行や長崎代官に任命するほどの力の入れようでした。1614（慶長19）年のカトリック教会の統計では、聖職者150人、信徒数65万人を越え、信徒の中にはキリシタン大名が55人もいました（カトリック中央協議会より）。まさに、長崎は「日本の小ローマ」と呼ばれるほど、キリスト教の文化が花開きました。

　ところが1612（慶長17）年、「岡本大八事件」をきっかけに、キリスト教への不信が一気に高まりました。家康の側近である本多正純（1565-1637）の家臣でキリシタンの岡本大八（?-1612）が、肥前（現・佐賀県）のキリシタン大名・有馬晴信を偽って賄賂事件を起こし、それが明るみに出ました。岡本大八は火刑に、有馬晴信は死罪に処されました。この事件の当事者がキリシタンであったことから、これまでキリシタンを黙認していた家康も、このまま放置できないと感じ、それが禁教令の導火線となりました。

24

　1612（慶長17）年には、駿府、江戸、京都に徳川幕府による最初の「キリシタン禁教令」が発布されました。この時、家康の大奥に仕えていた「ジュリアおたあ」（朝鮮出身のキリシタン）が摘発され、伊豆の神津島に流刑されました。豊臣秀吉による朝鮮出兵の際、日本に連行され、まだ少女だった「おたあ」はキリシタンである小西行長に拾われてキリシタンとなり、「ジュリア」という洗礼名を受けました。彼女はキリシタン棄教を拒否し、キリスト教信仰を守り通し、家康の側室になることに難色を示したため流罪となりました。現在、毎年5月には東京都の神津島で日韓合同の「ジュリア祭」が行われ、神の愛を証し続けた「ジュリアおたあ」を記念しています。

　1613（慶長18）年、家康は宣教師を追放する「伴天連追放令」を全国に発令しました。その1年後の1614（慶長19）年、徳川第2代将軍の徳川秀忠（1579-1632）の時代に江戸幕府は徳川氏中心の「封建制度」を確立するため、「キリスト教禁教令」を全国に発布しました。さらに江戸幕府はキリスト教の大きな影響を恐れて、「キリスト教禁制の高札」を掲げ、キリスト教の全面禁止に乗り出しました。

　宣教師たちは国外追放され、キリスト教徒は迫害され、全国の教会や修道院は破壊されました。明治新政府による「信教の自由」が発令されるまでの長くて厳しいキリシタンの迫害と潜伏の幕が、こうして切って落とされました。

　1615（元和元）年、「大坂夏の陣」で豊臣氏が滅び、徳川政権が安定するとキリシタン弾圧が本格化します。1616（元和2）年に家康が死去すると、幕府はキリスト教の厳禁を制度化しました。禁教令が発布されると、全国各地にいた宣教師たちは長崎へ送られてきました。金沢から追放された有名なキリシタン大名の高山右近、またキリスト信者なども多数長崎に来ました。しかし長崎でも多数の教会が破壊され、宣教師たちや高山右近などのキリシタン大名とその家族など、総勢400人以上がマカオやマニラに分散して国外追放となりました。

　1623（元和9）年、徳川家光（1604-51）が第3代将軍になると、徳川幕府は

キリスト教徒への残忍な拷問を伴う禁教政策を徹底しました。潜伏キリシタンの中には、古代ローマ時代のカタコンベ（古代キリスト教徒の地下墓所、また迫害時の礼拝所）で行われていたように、洞窟に隠れてひそかに信仰を守る人もいました。また地下に潜り、目立った活動をせず幕府役人の前から姿を消し、彼らの監視の目から逃れました。

　1635（寛永12）年、幕府は日本人の海外渡航と帰国を全面的に禁止し、「**鎖国政策**」に踏み切りました。この鎖国令によってイエズス会と密接に結びついていたポルトガル貿易を一切遮断し、カトリック宣教師の来日を阻止したのです。

　同年、幕府は寺社奉行所を設けて「**宗門改め**」（➡コラム（6））を開始し、檀家制度を確立してキリシタンを取り締まりました。幕府の役人がキリシタンだと見抜けば、棄教を強要しました。もしキリシタンの身分を捨てない場合は厳しい拷問を加えました。キリスト教徒が捕らえられ信仰を捨てるよう拷問された場合、残忍な苦痛に絶えかねて棄教する者もいました。しかし信仰を堅持する潜伏キリシタンが捕らえられ、狭い独房に投獄されると、命を絶たれる者も多数いました。さらには宣教師たちをかくまった信徒には、残忍な拷問が加えられ、その後に処刑されました。宣教師の中には日本に潜伏し、あるいは再潜入するなどして、命をかけて宣教活動を続ける者もいました。そしてそのほとんどが棄教を拒んで、殉教の道を選びました。激しい拷問にもかかわらず棄教しないで、キリスト教徒によっては流浪の身となる者、また雄々しく殉教する信徒もいました。こうして厳しい禁教下にあって、ひそかに信仰を守り続けた、いわゆる「**潜伏キリシタン**」（➡コラム（1））がキリシタン史上に登場することになりました。

✝ 元和の大殉教

　徳川幕府は外国人宣教師やキリスト教徒を追放し、取り締まりを強化しました。江戸時代初期の元和8（1622）年9月10日、長崎市西坂の丘にて合計55人が火刑（25人）もしくは斬首（30人）によって処刑されました。迫害の

さ中で潜伏、または密入国した多数の司祭9人（イエズス会、フランシスコ会、ドミニコ会）、修道士、信徒らが同時に処刑されました。中には日本人最初の司祭セバスチャン木村（59ページ）、また日本で初めて長崎で月食を天体観測したイエズス会のカルロ・スピノラ神父がいました。当初は、司祭や修道士そして彼らをかくまっていた信徒、さらに女性や幼子も含め56人が捕縛され、大村と長崎の2カ所に投獄されました。わずか6畳の狭い牢に押し込められ、身動きもとれない劣悪な環境でした。火刑によって56人が処刑されたのですが、そのうちの一人は火刑の柱から離れたため殉教とは見なされず、最終的には55人が殉教者となりました。1868年に「元和の大殉教」者全員は、ローマ教皇ピオ九世によって列福されました。大浦天主堂の聖堂内では、「元和の大殉教図」の絵画を拝見することができます。

　「元和の大殉教」は、1597（慶長2）年に処刑された「日本二十六聖人殉教者」と並ぶ、日本史上最もよく知られた殉教です。カトリックの教義では「殉教者は死後、必ず天国に行ける」という信仰があります。彼らはこの信仰に基づいて殉教の道を選びました。

　徳川幕府は、潜伏キリシタンの発見だけでなく、一般民衆の中からキリシタンを探し出すため、いろいろと過激な手段を考案しました。キリシタンの容疑がかけられた人は、「キリスト教徒ではないこと」を証明するために「絵踏」（➡コラム（8））、つまり十字架または聖母マリアのご像の彫られた木や銅版画（タブレット）を足で踏むように強要されました。潜伏キリシタンは「寺請制度」（➡コラム（6））を表面上受け入れ、正式に地元寺院の檀家になり、宗門改書を保持することを義務づけられました。「五人組連坐制」（➡コラム（9））とは、相互監視と密告、連帯責任を課す制度です。司祭をかくまっていないか、キリスト教徒が組織にいないかを相互に監視し合います。一人が密告された場合、「五人組」全員が違反したと見なされ、連帯責任を問われて処罰されました。こうして長崎からキリシタンの姿が消えました。

　1644（正保元）年に最後の日本人司祭・小西マンショ（1600-44）が大坂で殉教すると、秘跡を授ける司祭は日本には一人もいなくなりました。潜伏キ

リシタンは神父の霊的指導を受けることもなく、多種多様な形態によって自分たちの信仰を継続することになりました。地域によって異なりますが、自由な時代に組織された「ミゼリコルディアの組」などといった「信心会」の下に、自分たちの秘密組織で信仰を保持するための「三役職」の制度を設けました。まずはリーダー格の「帳方」がいて、毎年の祝日を決めます。これは、キリシタンの信仰生活のよりどころとなる御帳（「典礼暦／教会暦」）の管理・運営を担当します。次に「水方」と呼ばれる人がいて、洗礼を授けます。司祭不在でも、洗礼だけは信徒自身の手で授けることができました。最後に、祝日や教会行事などを一般信徒に伝える「聞役」がいます（➡コラム（4））。

日本二十六聖人殉教地
（西坂公園）

第2章 潜伏キリシタン時代（禁教と潜伏）

　フランシスコ・ザビエルに始まった「キリシタンの黄金時代」は終焉し、長い長い「潜伏時代」を迎えることになりました。禁教前には日本人のキリシタンは 40 万人近くいると推定されていましたが、それも次第に減少しました。司祭不在であっても、潜伏キリシタンたちは長崎県の島原、佐世保、平戸、外海、五島列島のほか、熊本県の天草など各地に潜伏しながら、自分たちの信仰をひそかに守るようになりました。詳細は第2部の『潜伏キリシタン関連遺跡の 12 構成資産』にて後述します。

1期：潜伏キリシタンの信仰維持の幕開け

　1614（慶長 19）年以降、徳川幕府の厳しい禁教政策のため多数の殉教者が出ました。宣教師は国外へ追放され、教会も破壊されました。またひそかに宣教師をかくまった信徒にも残忍な拷問を加え、処刑しました。各地で厳しいキリスト教徒の弾圧が吹き荒れる中で、1637（寛永 14）年に「島原・天草一揆」が勃発しました。

【1】原城跡

　島原半島の南部に位置する「原城」は 1496（明応 5）年、有馬藩によって築城されました。1624（寛永元）年に「島原城」が松浦藩によって築城されたため、その後、「原城」は廃城となりました。

　1637（寛永 14）年、キリスト教への禁教が深まるなか、島原半島南部と天草地方で過酷な年貢と圧政に抗議して、多数の農民やキリシタンらによる「島原・天草一揆」（島原の乱）が蜂起しました。この武装一揆をキリシタンの仕業だと見た幕府は、圧倒的な軍事力をもって総攻撃をかけました。一揆軍は

廃墟の「原城」に籠城しました。1638（寛永15）年、徳川幕府軍との激しい戦闘の末、「原城」は完全に全滅し、籠城していた人々は全員虐殺され、一揆は鎮圧されました。

　この一揆と鎮圧は、その後のキリスト教に対する最も過酷な迫害の幕開けとなりました。この悲劇的な出来事によって、それまで残留していたキリシタンたちは潜伏を余儀なくされ、独自の信仰形態を模索するきっかけとなりました。キリシタン史上における、「潜伏キリシタン時代の幕開け」です。

　この「島原の乱」は、1639（寛永16）年に始まる「鎖国政策」（海禁体制）をさらに強固に確立させる契機ともなりました。この「鎖国」は、カトリックというよりはプロテスタント国であるオランダ人以外の西欧人全員の来日を禁じるというものでした。とりわけ、宣教師の潜入の可能性があるポルトガル船の来航を禁止しました。1641（寛永18）年、平戸のオランダ商館は長崎に新しく造られた人工の島・出島に移転させられました。

✝ 2期：潜伏キリシタンの信仰の多様な維持形態

　「島原の乱」後、有馬に数多くあった教会は完全に破壊されました。司祭不在のなかで信徒たちは、社会的に、ごく普通の生活を営みながら潜伏して信仰を守りました。潜伏キリシタンは迫害から逃れ、村々に逃れ来て信仰を守り続けていましたが、時には「崩れ」（➡付記(2)）と呼ばれる大規模な潜伏キリシタンの摘発と、厳しい弾圧が再発しました。1657年（明暦3）年の「郡崩れ」（大村領内の潜伏キリシタンの存在が発覚）や、1790年（寛政2）年の「浦上一番崩れ」（長崎の浦上潜伏キリシタンの摘発が起こる）などがあります。その結果、一部の例外を除き、日本各地の潜伏キリシタンは途絶えました。その例外となった地が「長崎と天草地方」であり、この地で潜伏キリシタンたちは多種多様な形態で自らの信仰をひそかに継続しました。

　潜伏キリシタンはひそかに信仰を維持するため、さまざまなキリシタンの信心具を使いながら、それぞれの集落における他宗教（神道・仏教）の人々との共生を図りました。これらの地方には、潜伏キリシタンの伝統の証しとな

る資料が多数現存しています。

【2】 平戸の聖地と集落（春日集落と安満岳）

　潜伏キリシタンは信仰を守るため、キリスト教が伝えられる以前から日本社会に深く根づいている自然崇拝（アニミズム）の思想を隠れみのとして、山や木などの自然物を崇拝していました。とりわけ、地元住民が長年山岳信仰の霊場としてきた「安満岳」を崇拝しながら、ひそかにキリスト教信仰を実践していました。また家屋の納戸の天井付近には神棚を設置し、その近くに「納戸神」と呼ばれるキリシタンの信心具をひそかに祀ってキリスト教の信仰を守っていました。「春日集落」の潜伏キリシタンは、明治になって信教の自由が認められた後もカトリック教会に復帰することなく、禁教時代以来の伝統の信仰形態を維持する、いわゆる「隠れキリシタン」となりました。

【3】 平戸の聖地と集落（中江ノ島）

　中江ノ島は、禁教初期には平戸藩によるキリシタンの「聖なる処刑地」でした。潜伏キリシタンは、祖先が迫害されてきた「中江ノ島」を殉教地として崇敬しながら、ひそかに信仰を守り続けてきました。また中江ノ島は、潜伏キリシタンによって「お水取りの儀式」を行う重要な聖地（お水取り場）としても崇敬されていました。洗礼などに使う聖水を採取していたのです。

【4】 天草の﨑津集落

　潜伏キリシタンは、漁村における日々の仕事で使用する日用品などを、キリスト教の信心具に代用することによっても信仰を実践していました。貝殻を加工したメダイやロザリオ、またアワビの貝殻の内部の模様を聖母マリア像に見立てて崇敬していました。

このほかに、「大黒天」や「恵比寿神」をキリスト教の「デウス」（神）に見立てて崇拝していました。これらは一見したところ、漁村特有の日用品のようですが、実は潜伏キリシタンにとっては聖なる信仰の聖画や聖像だったのです。解禁後、潜伏キリシタンはカトリック教会に復帰し、禁教期に絵踏が行われた跡地には「﨑津教会堂」が創建されました。

【5】外海の出津集落

潜伏キリシタンの家屋内には聖母マリアや聖人の聖画像などが隠されていました。彼らは信仰の証しとしての聖画像の前で、ひそかに祈りをささげることによって信仰を実践していました。禁教期には、潜伏キリシタンは外海地区から五島列島に移住し、信徒指導者が束ねる共同体の下で自らの信仰を維持しました。キリスト教の解禁後は、ド・ロ神父の指導の下で「出津教会堂」を建て、カトリック信徒として新しい生活に入りました。

【6】外海の大野集落

潜伏キリシタンは表向きは神社の氏子として振る舞いながら、実際には神社に自らの信じる神をひそかに祀り、祈りの場として信仰対象を保つことによって信仰を実践していました。潜伏キリシタンは神社の氏子と共に「礼拝の場」を共存させていました。解禁後、潜伏キリシタンは外海の出津集落にある「出津教会堂」に通っていましたが、ド・ロ神父の指導の下で「大野教会堂」を建てました。

✚ 3期：潜伏キリシタンの移住による信仰組織の維持形態

18世紀末期の頃、潜伏キリシタンは信仰上の理由から産児制限（長男・長女以外は間引きする）をしなかったため、大村藩の支配下にある外海地域では集落の人口が急増し、社会問題となりました。そこで課題になったのが移

住問題でした。五島は土地が広いのに人が少なく、しかも未開拓の土地が多いのです。それに対して、大村は土地が狭いのに人が多すぎるのです。

　1797（寛政9）年には大村藩と五島藩が協定を結び、大村藩の村民が五島に移住することになりました。移住者（総勢約3,000人）の中に潜伏キリシタンが大勢いました。潜伏キリシタンは過酷な迫害を逃れ、信仰組織をひそかに維持するためにも外海地域から約100km離れたところにある五島列島へ移住することにしました。かつて1620年に信仰の自由を求めてイギリスからアメリカへ移住したピルグリム・ファーザーズと類似するものがあります。五島列島（北東側から中通島、若松島、奈留島、久賀島、福江島）は、九州最西端にある大小140もの島々が連なる列島です。「上五島」（➡⑧野崎島、⑨頭ヶ島を含む）、そして「下五島」（➡⑩久賀島、⑪奈留島を含む）とに大別されます。五島では潜伏キリシタンの信仰共同体が形成されました。潜伏キリシタンは各島の既存の社会慣習や宗教と折り合いをつけながら、キリスト教信仰を維持しました。殉教と潜伏の時代におけるキリシタンの信仰は揺るぎないものであり、神道も仏教も、あくまでも隠れみのであって、それを正しいとしていたわけではないのです。

【7】黒島の集落

　平戸藩の牧場跡の再開発地に開拓移住することで、信仰共同体を維持していました。潜伏キリシタンは檀家として「興禅寺」に所属し、表向きは仏教徒として振る舞い、仏教の宗教行事に参加するなかでひそかに自らの信仰を維持しました。彼らは仏教寺院で、ひそかに「マリア観音像」の前で祈りをささげていました。解禁後はカトリック教会に復帰し、島の中央部に「黒島天主堂」を建て、ついに潜伏時代の伝統は終わりを迎えました。

【8】 野崎島の集落跡

　神道の聖地であった島に開拓移住することによって信仰共同体を維持していました。潜伏キリシタンは、表面上は「沖ノ神嶋神社」の氏子として神社に参拝し、在来の神道の宗教行事と折り合いをつけながら自らの信仰をひそかに維持していました。解禁後、潜伏キリシタンはカトリック教会に復帰し、「野首教会」を建設しました。

【9】 頭ケ島の集落

　病人の療養地として使用されていた島に開拓移住することによって、信仰共同体を維持していました。この無人島の頭ケ島は、江戸時代の禁教期に迫害から逃げてくるキリシタンにとって、比較的安住の地と言われていました。潜伏キリシタンは表面上は仏教の檀家を装いながら、宗教指導者（仏教徒の前田儀太夫）の下で自らの信仰を保っていました。解禁後は、全国でも珍しい石造りの「頭ケ島天主堂」が創建されました。

【10】 久賀島の集落

　五島藩の政策に従い、未開発地に開拓移住することによって信仰共同体を維持していました。潜伏キリシタンはお寺の檀家や神社の氏子になって、キリスト教への信仰を隠しました。彼らは移住先の仏教集落の住民と互助関係を築き、また既存の農・漁業の団体と協動しながら、宗教的指導者の下でひそかに信仰を保っていました。解禁後、潜伏キリシタンはカトリック教会へと復帰し、新・旧2棟の「五輪教会堂」が海辺に建てられました。

第3章　復活キリシタン時代（解禁と復活）

✝ 4期：潜伏の終焉と信仰の復興

　1873（明治6）年にキリスト教が解禁されると、それぞれの集落の潜伏キリシタンは、宣教師の指導の下でカトリックの信仰活動に入る（カトリック信者になる）か、あるいは潜伏時代の伝統的な信仰形態や宗教儀式を引き継ぐ（隠れキリシタンになる）かの判断に迫られました。多くの「潜伏キリシタン」は宣教師の指導を受け入れ、カトリック教会に復帰しました。他方、「隠れキリシタン」として引き続き、従来の信仰形態にとどまる人もいました。中には在来宗教である「神道」や「仏教」に改宗する者も出ました。

　解禁後、宣教師の下で新しく受洗したカトリック教徒は、各自の集落において教会を建設し始めました。これらの教会は、潜伏キリシタンが二世紀半に及ぶ弾圧の下で長崎と天草地方で育み、広げてきた宗教的な伝統の幕引きでした。これらの教会は、各自の集落におけるカトリックの信仰活動の復興を象徴しています。

【11】奈留島の江上集落（江上天主堂とその周辺）∞∞∞∞∞∞

　外海地域から奈留島の谷間に移住した潜伏キリシタンは、自分たちの信仰をひそかに維持していました。1873（明治6）年にキリスト教が解禁された時、潜伏キリシタンはカトリック教会へ復帰しました。そして1918（大正7）年、彼らの熱心な尽力によって現在の木造の「江上天主堂」が建設されました。この天主堂は、潜伏キリシタンの信仰の継続に関する伝統が、終焉を告げた教会堂の代表例です。

【12】 大浦天主堂

　江戸時代、徳川幕府は中国とオランダの2カ国以外は鎖国制度をとっていました。1858（安政5）年、徳川幕府は5カ国（米・英・仏・露・蘭）と通商条約を結び、鎖国制度の時代は終わりました。1859（安政6）年に徳川幕府は横浜、函館、長崎の3カ所を開港しました。これに便乗して海外から大勢のキリスト教宣教師たちが来日し、外国居留地に教会を数多く建設しました。

　1864（元治元）年、パリ外国宣教会のプティジャン神父（1829-84）によって長崎に「大浦天主堂」が創建されました。1865（元治2）年には献堂式が行われ、フランス領事をはじめ大勢の居留外国人が参列しました。

　数カ月後、大浦天主堂から6kmほど北にある浦上村の農民たちが、ひそかに大浦天主堂を訪れました。キリスト教の禁教によって約250年もの間、ひそかにキリスト教信仰を守り通してきた潜伏キリシタンとプティジャン神父の出会いが実現したのです。これが世に言う、有名な「信徒発見」です。この出来事は、「潜伏の終焉」を告げるきっかけとなったのです。大浦天主堂の建設と信徒発見のこの二つの出来事は、潜伏キリシタン時代の終焉を告げると同時に、「浦上四番崩れ」という最後の殉教を引き起こすに至ったのです。

　キリスト教禁教令が依然として施行されているにもかかわらず、外海や五島などから数多くの潜伏キリシタンが大浦天主堂に司祭を訪ね、公然とカトリック信仰を表明するようになりました。そのため、1867（慶応3）年、浦上の潜伏キリシタンたちは徳川幕府、および禁教政策を引き継いだ明治新政府によって逮捕されました。多くの潜伏キリシタンが各地に配流され、信仰を捨てるよう残酷な拷問を受けました。浦上における3,400余名の潜伏キリシタンは、山口県、島根県、広島県といった国内20の藩に配流されました。これがキリシタン史上に名を残す「浦上四番崩れ」です。1700年以降、浦上では「密告」によって三度の崩れ（1790年の浦上一番崩れ、1842年の浦上二番崩れ、1856年の三番崩れ）が発生したのですが、四番崩れは「信徒自ら」が信

仰を表明して起きたものでした。

　大浦天主堂の宣教師たちは日本におけるこの過酷な迫害を知ると、即刻迫害を中止するよう、駐日の欧米諸国の領事館に働きかけました。明治の新政府によるキリスト教徒に対する一連の弾圧行為の情報が欧米諸国を動かし、それが日本政府に対して、キリスト教弾圧政策に圧力をかける結果につながりました。

【4】明治時代（1868-1912）

✝ キリスト教の解禁と信教の自由

　1871（明治4）年から1873（明治6）年にわたり、「岩倉使節団」が欧米に向かいました。日本にとって不平等条約であった通商条約改正の予備交渉をするためでした。ところが日本に近代的な法制度が整っていないことで、交渉は成功しませんでした。中でも、「浦上四番崩れ」（162ページ）事件が原因の一つになって、通商条約の改正交渉は失敗に終わりました。キリスト教国である欧米人にとって、国民の信仰や良心を迫害する国は近代国家として到底容認することはできない、ということでした。

　1873（明治6）年2月24日、明治新政府は欧米諸国からの高まる批判に反応してキリスト教の禁制を解くこと（黙認）にしました。「宗教の自由を国民に与えない国は野蛮である」と、欧米諸国から軽視されたからです。「キリスト教禁教令は、諸外国と平等な条約を結ぶにあたって障害となっている」ということに、日本政府はやっと気がついたのです。

　こうして明治新政府は、江戸時代から禁教とされてきた「キリスト教禁制の高札」を撤去し、キリスト教徒への弾圧政策は終焉を告げました。1873年（明治6）年3月に浦上のキリシタンたちは帰郷を許され、次々と配流地を後にしました。そして故郷に帰った彼らが最初にしたこと、それは「教会を建てる」ことでした。

　1889（明治22）年の「大日本帝国憲法」（明治憲法・第28条）において、条

件付きながら「信教の自由」が明記されることになりました。

✝ 解禁後のキリシタンの行方

　潜伏キリシタンはキリスト教が厳しく禁じられていく中での約250年という長い期間、ひそかにキリスト教の信仰を守り続けていました。氏子や檀家を隠れみのにして行動することによって、日本の既成社会や既存の宗教と共存していました。キリスト教禁制時代を生き延びながら、親から子へと代々信仰をひそかに継承してきたのです。

　キリシタン禁制が解禁された今、潜伏キリシタンの行方は主として3つのグループに分けることができます（➡コラム (1)）。

(1) 「潜伏キリシタン」は、宣教師の指導下に入り、大勢がカトリック教会へ復帰しました。神道や仏教を隠れみのにしていたそれまでの偽装をかなぐり捨て、キリスト教本来の純粋さに戻ったのです。
(2) 「隠れキリシタン」は、カトリック教会に復帰せず宣教師の指導下に入らなかった人々です。彼らはキリスト教禁制の約250年間に及ぶ潜伏時代が育んだ、独自の信仰形態を維持し続けました。
(3) 「神道や仏教への改宗者」は、日本古来の伝統的な宗教（神道・仏教）に帰属しました。

　　あれから時代は流れ、第二次世界大戦後の高度経済成長で若者の都市部への流出が進み、今ではほとんど「隠れキリシタン」の姿は消えました。

✝ 教会の建立

　『長崎と天草地方の潜伏キリシタン関連遺産』と言えば、必ずといってよいほど「教会（堂）」が話題になります。しかしこの世界文化遺産におけるメインテーマは、「大浦天主堂」と「原城跡」を除けば、すべて「集落」です。教会堂は潜伏キリシタンの「集落」の一部です。潜伏キリシタンという

世界文化遺産が持つ「普遍的な価値」、それは教会堂という建造物そのものが持っているものではないのです。教会を建てた信徒の喜びと、それにつながる約250年に及ぶ潜伏キリシタンの歴史、それこそが「普遍的価値」を持っているのです。この潜伏キリシタンの歴史が「世界文化遺産」として最終決定されるまでには、資料を再提出しながら11年の歳月を要しました。イコモス世界遺産委員会は、「教会群ではなく、潜伏キリシタンの歴史に焦点を当てた資産構成にすべきです」と指摘しました。さすが、イコモスです。それこそが、まさに世界文化遺産の「本質」なのです。

　国際的な標準から見れば、世界文化遺産に登録された大部分の教会堂は大浦天主堂を除けば小さく、また簡素な建物です。しかしどの教会堂も、その地元地域に深く根ざしたキリスト教の復活を力強く象徴しています。教会堂には周囲の自然景観と見事に調和した、東西文化における異文化の出会いが秘められています。

　キリスト教の解禁後、信徒らは禁教時代に絶やすことなく信仰を継続してきた集落に、「命をかけて信仰を保ち守ってきた証し」として教会を創建しました。

　そしてその教会は、外国人宣教師の私財だけでなく、自らの乏しい生活費を切り詰めて集めた信徒一人ひとりの資金によって建設されました。こうして外国人宣教師の設計の下で、日本人の大工による美しい天主堂、教会堂が次々と建設されました。侘び・寂びの趣ある教会、特色ある和洋折衷の建物の価値は見事なばかりです。そして何よりもこれらの教会は、約250年に及ぶ潜伏キリシタンの長い苦難の歴史を今に伝えています。こうした教会群は、まさに「カトリック信仰復活のシンボル」、そのものです。

　現在、長崎県内のカトリック教会は130以上を数えます。その中でも次ページに掲げる9つの天主堂や教会堂が、2018年に「ユネスコ世界文化遺産」に登録されました。

☆概要は本文で後述します。

- ●「崎津教会堂」（1888年　創建）　➡[4]「天草の崎津集落」
- ●「出津教会堂」（1882年　創建）　➡[5]「外海の出津集落」
- ●「大野教会堂」（1893年　創建）　➡[6]「外海の大野集落」
- ●「黒島天主堂」（1880年　創建）　➡[7]「黒島の集落」
- ●「旧野首教会」（1882年　創建）　➡[8]「野崎島の集落跡」
- ●「頭ケ島天主堂」（1887年　創建）　➡[9]「頭ケ島の集落」
- ●「旧五輪教会堂」（1881年　創建）　➡[10]「久賀島の集落」
- ●「江上天主堂」（1918年　創建）　➡[11]「奈留島の江上集落」
- ●「大浦天主堂」（1864年　創建）　➡[12]「大浦天主堂」

【注】　天主堂・教会堂の「呼称」とその「創建年」に関しては長崎県世界登録推進課の資料「長崎と天草地方の潜伏キリシタン関連遺産」を参考にしました。

第Ⅱ部
潜伏キリシタン関連遺跡の 12 構成資産

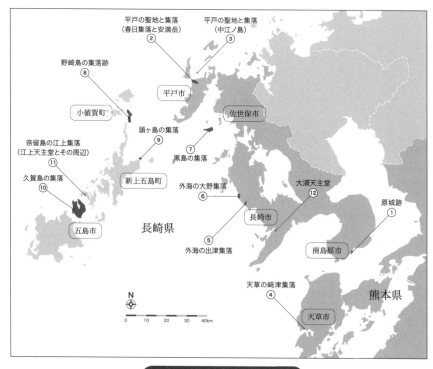

12の構成資産

① 原城跡（南島原市）

② 平戸の聖地と集落（春日集落と安満岳）（平戸市）

③ 平戸の聖地と集落（中江ノ島）（平戸市）

④ 天草の﨑津集落（熊本県天草市）

⑤ 外海の出津集落（長崎市）

⑥ 外海の大野集落（長崎市）

⑦ 黒島の集落（佐世保市）

⑧ 野崎島の集落跡（小値賀町）

⑨ 頭ケ島の集落（新上五島町）

⑩ 久賀島の集落（五島市）

⑪ 奈留島の江上集落（江上天主堂とその周辺）（五島市）

⑫ 大浦天主堂（長崎市）

　ユネスコ世界文化遺産は、約250年以上に及ぶ長い過酷なキリスト教禁教の下で、「長崎と天草地方の潜伏キリシタン」が、キリスト教禁教による宣教師不在の中、仏教や神道などの日本古来の伝統的宗教や一般社会と関わりながら、「どのようにして自らの信仰を人目をしのんで守り続けたか」。

そして宣教師が不在となって余儀なく潜伏キリシタンとなった人たちが「どのようにして自分たちの信仰をひそかに実践し、共同体を維持したのか」。さらには解禁後、潜伏キリシタンは復活の象徴である教会を各地に建設しながら、「どのようにして自分たちの宗教的伝統を徐々に変容させ、近代社会に迎え入れられたか」という潜伏キリシタンの歴史を、12項目の構成資産群として認定されました。

【1】長崎県

・南島原市
　①原城跡

・平戸市
　②平戸の聖地と集落（春日集落と安満岳）
　③平戸の聖地と集落（中江ノ島）

・長崎市
　⑤外海の出津集落
　⑥外海の大野集落
　⑫大浦天主堂

・佐世保市
　⑦黒島の集落

・北松浦郡小値賀町
　⑧野崎島の集落

・南松浦郡新上五島町
　⑨頭ケ島の集落

・五島市
　⑩久賀島の集落
　⑪奈留島の江上集落（江上天主堂とその周辺）

【2】熊本県

・天草市
　④天草の﨑津集落

①原城跡 【所在地】 長崎県南島原市南有馬町

✝ 原城と島原城

　原城跡は、全国にキリスト教の禁教令が発布された初期の1637（寛永14）年に、有馬領内のキリシタンが蜂起した「島原・天草一揆」の主戦場となった城跡です。原城はもともと島原半島の南部を統治する有馬藩の居城でした。その後、「島原の乱」での大規模な戦場の本舞台となったのです。

　「原城」は1496（明応5）年、当時26万石と言われた領主・有馬貴純（生没年不詳）によって、日野江城（北西2kmに位置）の支城として築城された平城です。原城の工事は1599（慶長4）年に始まり、1604（慶長9）年にキリシタン大名有馬晴信（1567-1612）によって完成しました。城内には晴信とその家臣の屋敷、弾薬や食料を蓄えた三層の櫓がありました。完成以来、代々有馬藩の本拠となりました。原城は、断崖が海上に突き出た小高い丘陵に築城されました。イエズス会宣教師の報告によれば、原城は有明海が見渡せる約3km離れた海岸の丘陵（標高31m）の上に、有馬藩が築いた巨城でした。城は本丸、二の丸、三の丸、天草丸などの曲輪（城の周辺に巡らして築いた石垣や土塁で区切られた区画）で構成され、周囲は約4km、北・東・南の三方が海に囲まれ、西が低湿地に面していました。本丸は総石垣造りで、櫓台や複数の門がある大きな虎口（出入り口）が設けられ、瓦ぶきの建物でした。原城は難攻不落の天然の要塞でした。「島原の乱」の戦時には「本丸」には天草四郎が本陣を構え、約4,000人の一揆勢がいました。「天草丸」には天草からの約2,000人の一揆勢がこもっていました。

　1567（永禄10）年、有馬義直（1521-77）の招きで、イエズス会宣教師ルイス・デ・アルメイダ（1525-83）が島原の町に来て宣教を始めました。その結果、60人の住民がキリシタンになり、教会も建立されました。1576（天正4）年には、有馬義直はアルメイダから洗礼を授かります。その後、有馬領内ではキリシタンが急速に増加し、約2万人の信徒が生まれました。

44

　1579（天正7）年、アレッサンドロ・ヴァリニャーノ神父（1539-1606）はポルトガル船に乗って島原に上陸し、日本の教会の改革に着手しました。1580（天正8）年、有馬の領主・有馬晴信はヴァリニャーノ神父から洗礼を授かりました。晴信は土地や建物を教会に寄付し、キリスト教を手厚く保護したので、島原半島の領民約75,000人がキリシタンになりました。キリスト教徒の信心会もよく組織化され、熱心に宣教活動が行われました。有馬領内には、ノヴィシアード（修練院）やコレジオ（大神学校）など、新しい学校や多数の教会が設置されました。さらにはセミナリヨ（小神学校）が開校され、各地の教会から選ばれた少年たちが将来の司祭を目指して集まって来ました。後年、有馬晴信は大村純忠、大友宗麟らと共に1582（天正10）年、天正遣欧少年使節（18ページ）の4人の神学生をローマに派遣しました。4人の少年は、このセミナリヨの卒業生でした。

　1600（慶長5）年、有馬晴信の長男であるキリシタンの**有馬直純**（1586-1641）は徳川家康の側近として仕えていました。1610（慶長15）年にキリシタンの妻（小西行長の姪）と離縁し、家康の養女（国姫）を正室とします。そして1612（慶長17）年、直純はキリスト教を棄て、幕命で領内のキリシタンを迫害し始めました。

　キリスト教の禁教令が発令された1614（慶長19）年には、直純は長崎から宣教師たちを追放し、長崎にあった教会を破壊しました。信徒の代表3人を斬首して、民衆を脅したりもしました。直純は「島原の乱」では約4,000人の軍団を率い、征伐軍に加わりました。このときには剣豪・宮本武蔵も参戦しています。

　その後、徳川幕府初期の1616（元和2）年になると、**松倉重政**（1574-1630）が有馬氏に代わって有馬藩の領主になり、島原半島の全域を統治するようになりました。1615（元和元）年、徳川幕府は城の数を制限する命令を発し、各領土には1カ所の城郭を築くこと（**一国一城令**）としました。そこで松倉氏は新居とする「**島原城**」を築城するため、1618（元和4）年に「**原城**」を廃城にすることにしました。原城はそのときに役割を終えたはずだったので

すが、歴史にその名を残しているのは日本史上最大の一揆と言われる「島原・天草一揆」（48ページ）の舞台となったからです。

　重政は新規に島原城を築城するにあたって大幅な増税を引き起こすことになり、地元住民に財政負担が重くのしかかりました。

　島原・天草地方は山地が多く、土地はやせていたため、農作物の耕作には適していなかったのです。そのうえ凶作がよく続きました。折しも1637（寛永14）年当時は、凶作が続き、住民は不作のため餓死する者が出るほどでした。それにもかかわらず、住民は年貢米を厳しく取り立てられたのです。

　松倉重政は、当初はキリスト教の宣教を黙認し、キリシタンに好意的でした。ところが、1627（寛永4）年、参勤交代を終えて島原に帰ってから一変し、キリシタンに厳しく棄教を命じました。江戸幕府の第3代将軍・徳川家光（1604-51）からキリシタンへの対応が手ぬるいと叱責されたので、領内でのキリシタン弾圧を始めました。弾圧は非常に過酷になり、信仰を捨てない大勢のキリシタンは、手の指を切り落とされたり、焼き印を押されたりしました。さらには火あぶり刑、穴吊り刑など凄惨な拷問を受けました。それまで刑罰は火刑や斬首刑だったのですが、重政は棄教しないキリシタンだけでなく、年貢が納められない農民に対しても雲仙の地獄温泉で熱湯をかけて拷問や処刑を行いました。1630（寛永7）年、重政は小浜温泉（長崎県雲仙市）で急死します。

　雲仙地獄温泉は、普賢岳の大噴火で有名な雲仙岳の中腹にあります。雲仙地獄温泉には植物も生えない不毛の岩場があり、そこには渦巻く蒸気孔や乳白色の酸性硫黄水が地面から垂直に沸騰して、湧出温泉が散在しています。あちこちに湯壺があり、100度近い熱湯が噴出しています。雲仙地獄責めの拷問は、キリシタンを殺すのではなく棄教させることが目的でした。そのため熱湯で皮膚が破れて骨が露出すると癒やし、治ると再度熱湯をかけたと言われています。信仰を守るために、雲仙地獄温泉地で殉教するキリシタンが多数出ました。

　雲仙地獄温泉は1627（寛永4）年から1632（寛永9）年の間、キリシタンの

殉教地となり、この地で殉教していった人々は33人と言われています（「キリシタン殉教記念碑」より）。雲仙での最初の殉教者は、島原半島で屈指の資産家であり、有馬晴信の元家臣であった**パウロ内堀作右衛門**（?-1627）と、16人の殉教者です。そのうちパウロ内堀の3人の子ども（5歳のイグナチオを含む）は、親の目の前で指を切り落とされるという拷問の末、殉教しました。財産はすべて没収され、作右衛門も指を切られ、4回目の地獄温泉責めの末、その魂は神のみもとに帰りました。その後2007（平成19）年に作右衛門はじめ、29人の雲仙での殉教者は、ローマ教皇庁より「福者」（→コラム（11））の位に列せられました。毎年5月には**カトリック長崎大司教区**の主催で、「雲仙殉教祭」が行われます。この「殉教祭」のとき、殉教者の次の言葉が詠まれます。「**はるかなるパライソ（天国）を身近に、今ぞ見きこの喜びに心高鳴る**」。

　現在、雲仙地獄温泉の熱湯に突き落とされて息を引きとった、多くのキリシタン殉教者たちにささげられた記念碑が歩道に沿って設置されています。この雲仙地獄殉教地の挿絵は、ヨーロッパにも知れわたりました。カトリック雲仙教会は、1981（昭和56）年にローマ教皇ヨハネ・パウロ二世が長崎を訪れたのを記念して建立されました。

★**「雲仙」**。1934年「雲仙国立公園」として日本で最初の国立公園に指定。1956年「雲仙天草国立公園」と改称。雲仙岳と雲仙地獄温泉などを中心とする「雲仙地域」と風光明媚な天草松島や天草キリシタン文化を海外にも広く知られる「天草地域」から成る。

　1600年、関ヶ原の戦いで小西行長が敗れた後、島原半島南部の領民だけでなく天草地方の領民も、唐津領主・**寺沢宏高**（1563-1633）によって課せられた残酷な年貢とキリシタン弾圧に苦悩していました。島原も天草も元来、キリシタンの多い土地でしたので、農民たちの間には、貧しさゆえに信仰を心のよりどころとする強い連帯感が相互に生まれました。「天草一揆勢」は海を

渡り、廃城となっていた原城に立てこもる「島原一揆勢」と合流しました。こうして戦いの舞台は、島原に移りました。

✝ 島原・天草一揆（島原の乱）

　そもそも「島原・天草一揆」（島原の乱）は、島原藩主・松倉氏と天草領主・寺沢氏による重税に苦しむ「農民一揆」なのか、それとも幕府によるキリシタン弾圧に苦しむ「宗教一揆」なのか、その性格をめぐっては学会でさまざまに論議されています。いずれにせよ、「島原・天草一揆」（島原の乱）は、飢饉に苦しむ領民に松倉と寺沢の両領主が過酷な年貢を課し、幕府がキリスト教徒を弾圧したことに抵抗した土豪や農民が起こした一揆である、ということには疑いをさしはさむ余地はありません。

　1637（寛永14）年、年貢を納めることができなかったため農民の妊婦が拷問死しました。身ごもっていたその婦人は籠に押し込められ、冬の冷たい川に沈められました。また庄屋の美しい娘は裸にされて柱に縛られ、タイマツの火で身体を焼かれて殉教しました。この残忍な出来事をきっかけに、島原と天草の地元農民の一揆勢の怒りが爆発しました。一揆勢はキリシタンの信仰活動を妨害する代官を次々と殺害し、松倉氏の居城である島原城を攻めました。

　松倉氏は農民に厳しい年貢を取り立て、また禁教政策の中における激しいキリシタン弾圧をさらに激化させました。そのため1637（寛永14）年、島原半島南部と天草地方の農民やキリシタンらが領主の悪政への反乱として、「島原・天草一揆」（島原の乱）を引き起こしたのです。さらに悪いことに、その時代、島原と天草では台風や日照りの悪天候のため不作が続き、農民たちは数年にわたり飢饉で苦境に立たされていました。一揆勢は原城跡を軍事基地として使用し、反乱を鎮圧するために派遣された幕府軍と対戦することになりました。

　一揆軍の総勢は3万7千人。地元農民とキリスト教徒は、「救世主」と仰ぐ16歳の少年**天草四郎**（本名・益田四郎）を総大将として廃城の原城跡

に結集し、籠城しました。一揆勢には、かつてこの地を治めていた有馬晴信や小西行長などキリシタン大名の旧家臣ら40人も参謀として参戦し、主導的な役割を果たしました。また34人の庄屋が城中物頭として、村々からの一揆参加者を束ねていました。彼らの中には戦士として戦う男性（農民、職人）だけでなく、女性や子どもも多数いました。また厳しい弾圧で棄教していた者も再び立ち返り、キリシタンとしての信仰に復帰して決起しました。彼らはそれまでの身分を放棄し、禁教を課せられた後も「組」と呼ばれるキリシタンの共同体で指導者として活躍していました。原城跡に籠城した時には、城内に礼拝堂を建て、教えを説いていました。一揆勢はポルトガル船が応援に来ると期待していました。

一方、1638（寛永15）年2月、幕府軍は総勢約12万6千人もの兵力を動員して一揆勢を攻撃しました。当初、幕府軍はたかが百姓一揆程度と軽視していました。しかし一揆勢は信仰の下で結集し、幕府軍の攻撃によく耐え、幕府軍に大打撃を与えました。板倉重昌（1588-1638）が率いる幕府軍は、約8,000人を越す死傷者を出しました。当初は一揆勢が優勢でしたので、幕府軍は何度か失敗を重ねました。一揆勢は猛烈に反撃を仕掛けたので、重昌は悪戦苦闘した結果、戦死しました。

後任の松平信綱（1596-1662）が率いる幕府軍は、大胆な作戦を練りました。まずは籠城していた一揆勢の人々に対して、「信仰を捨てて棄教すれば命を助ける。また飯米二千石を支給し、年貢も七割免除する」といった矢文で布告しましたが、城内からは「拒絶」の矢文が投じられ、従う者は誰もいなかったということです。

次に幕府軍は平戸のオランダ商館長に依頼して、オランダ船から原城を砲撃させ、ポルトガル船の援軍を期待する一揆勢に揺さぶりをかけました。また松平信綱は、地下に火薬を仕掛ける爆破計画や、甲賀忍者を城内に侵入させる隠密作戦など、いろいろと奇策を講じますが、すべて失敗しました。

最後に効を奏したのが、「兵糧攻め」でした。食料の供給を断ち切り、時間をかけて兵糧攻めを行いながら、城を取り囲むことにしました。原城

内の食料また武器や弾薬は、ほとんど尽き果てました。一揆勢は城下の海で集めた海藻を採ってきて、飢えをしのいだと言われています。そこで、1638（寛永15）年2月28、29日の両日、幕府軍は士気が落ちた一揆勢に対して総攻撃を仕掛けました。一揆勢も必死に反撃し、石や釜などあらゆるものを城から投下し、衣服や蓆などに火を付けて投げ落とすなどしました。あの剣豪・宮本武蔵も、この時の落石で足を負傷したと言われています。武蔵の書簡には「敵の落とした石がすねに当たり、今は立つこともできない」と記されています。

　一揆勢は幕府軍との壮絶な大激戦の末、年齢や性別を問わず、戦闘に加わらなかった子どもや女性も含め、わずか一日で全員が虐殺されました。幕府軍の記録によると、幕府軍に寝返った山田右衛門作（天草四郎に次ぐ副将であり、家老格）を除いてすべての一揆勢が虐殺されました。数千人の首が現地にさらされ、天草四郎ら指導者4人は、長崎の出島でさらし首になったと言われています。一揆勢の籠城と攻防戦は、4カ月にも及びました。幕府軍の総大将であった松平信綱の子・松平輝綱（1620-72）は、その時の様子を記した『島原天草日記』の中で、「一揆軍は殉教を重んずるキリシタンの信仰ゆえに、全員が喜んで死を受け入れた」と記載しています。

　戦闘の終結後、反乱の再起を恐れていた幕府軍は、原城を完全に破壊しました。残された建造物も徹底的に焼却され、無数の人骨とともに、破壊した石垣の下に埋め尽くされました。原城はもはや城としての機能を失い、再生不能となったのです。こうして原城は廃虚となり、歴史の表舞台から完全に姿を消しました。

　この「島原の乱」を機に徳川幕府はキリシタン禁教令を徹底し、宣教師が潜入しそうなポルトガル船の来航禁止、またオランダ人を除く全ヨーロッパ人の日本への上陸を禁止しました。1639（寛永16）年には「鎖国制度」が確立され、キリシタン禁教令が強化されました。翌年、元キリシタンであった井上筑後守政重（1585-1661）が「島原の乱」の鎮圧に参加し、その後、幕府の宗門改役に就任しました。「島原の乱」後、幕府は年に一度「宗門改め」

（➡コラム（6））を行い、井上は潜伏キリシタンの発見に力を入れ、キリシタン禁教政策の中心的役割を果たしました。

　1644（正保元）年に、日本における最後の司祭小西マンショ（1600-44）が殉教します。宣教師不在の下で長崎、五島そして天草の潜伏キリシタンたちは1864（元治元）年の「信徒発見」のその日まで、約250年という長期にわたって、自らの信仰と小さな宗教組織をひそかに維持するという運命に至ったのです。

　小説家・遠藤周作の名作『沈黙』に記されているように、この「島原の乱」は、キリスト教に対する最も過酷な迫害の幕開けとなった事件でした。「島原の乱」を契機に、長崎は本格的な「潜伏キリシタンの時代」に入ったのです。

✞ 原城の発掘調査

　1992（平成4）年から原城の本丸跡を中心に発掘調査が続けられ、今日に及んでいます。発掘調査で浮かび上がったのは、幕府軍のキリシタンに対する強烈な嫌悪感と憎悪、そしてそれとは対照的に、「一揆勢の神に対する篤い信仰」でした。

　原城跡を考古学上の学術調査として発掘していた時、籠城していた一揆勢に加勢して戦没したキリシタンたちの無数の「遺骨」（人骨と骨片）が、正面付近で見つかりました。遺骨は地下10cmから30cmほどの焼けた土から、あるいは石垣の下の土の中から多数出土しました。刀傷が刻まれた人骨の状態から判明したことですが、幕府軍が一揆勢の首や足をバラバラに切断し、容赦なく殺害したことが裏付けられました。また幕府軍は一揆勢の遺体を通路に集め、両側の石垣を崩して巨石を落とし、その上に土をかぶせて完全に遺体を封印しました。原城跡はまさに、巨大な墓場と化していました。

　原城跡には無数の遺品も発見されました。鉛の弾丸を溶かして作ったと考えられる十字架をはじめ、メダイ（メダル）やロザリオの珠などといったキリシタン関連の信心具が廃城で大量に出土しました。一揆軍は最後まで

それらを身に着けていました。何よりも驚いたのは屍の歯骨のすぐ近くに「信心具のメダイ」が多数発見されたことです。キリスト教徒は最後の最後まで、信仰の証しであるメダイを口にしていたのです。このような遺跡に残されてきた信心具の数々は、今に至るまで絶えることなく現存しています。

　2018（平成30）年の秋、世界文化遺産『長崎と天草地方の潜伏キリシタン関連遺産』の登録記念として、「キリシタンの遺品」が東京国立博物館で特別展示されました。「十字架」には鉛製と銅製の2種類があり、小さな「鉛製の十字架」は鉛の弾丸を溶かして加工した素朴なつくりです。キリスト教徒のお守り用に作られたようです。少し大きめの「銅製の十字架」は、青銅板を張り合わせた精巧なつくりです。いばらの冠やクギなど、キリストの受刑の道具がくっきりと刻まれています。「メダイ」にはイエス・キリストをはじめ、聖母マリア、フランシスコ・ザビエルといった聖人のご像がレリーフ状（浮き彫り）になっています。「ロザリオの珠」に使われているのは、白・緑・青などの多彩な色のガラス珠です。珠の中央に穴があり、紐を通しています。

　2001（平成13）年には本丸の石垣の下から、整然と並ぶ家族単位の竪穴式の「小屋跡」が発掘されました。火の用心のため、炉や竈の跡は一切見られません。食事は、共同給食といった規律生活が守られていたようです。

　一揆勢は原城跡に立てこもると、城内に「礼拝堂」を建て、信心具の前でひそかに祈りをささげていました。一揆軍はキリシタンの祈りを唱和しながら戦闘し、原城からは聖歌や祈りの声が響いていました。落城の時には、パライソ（天国）へ行くことを望み、笑顔で炎の中に飛び込む子どももいたと伝えられています。城内で使用していたローマ字書きの「祈とう文」も見つかりました。原城で発見された出土品の礼拝堂や信心具は、籠城した潜伏キリシタンたちの信仰心がいかに深く生活に根付いていたかの証しです。これらの信心具は、幸か不幸か、「島原の乱」後に幕府軍が原城から戦利品として持ち帰ったため、廃れることなく現存しています。

　特に一揆勢が原城跡に持ち込み、「陣中旗」として使用していたカラフル

な 幟 があります。そこには「聖体の秘跡」(「最後の晩餐」でパンとぶどう酒を奉献することで、キリストの 体 である聖体を制定した)の色彩豊かな絵が描かれています。幟 は国の 重 要文化財に指定され、天草キリシタン館に保管されています。

　1951 (昭和26) 年には、原 城 本丸跡の遺跡から精巧な細工の 施 された非 常 に美しい「黄金の十字架」(縦 3.8 cm、横 3.2 cm) が 出 土しました。イエズス会の『日本年報』によると、「黄金の十字架は、天正 遣欧 少年使節を通じてローマ 教 皇から有馬晴信に贈られたもの」と伝えられています。現在、大阪府中津市の南蛮文化館に保存されています。

　天草四郎の 肖 像は長崎と天草地方の随所に見られますが、原 城 の本丸跡には、南 島原市 出 身の 彫 刻家・北村西望 (1884-1987) による「祈りを捧げる天草四郎像」が建っています。ちなみに、長崎市の平和公園に設置されている巨大な『平和祈念像』も、この北村西望の代 表作です。

　時代は下り、「島原の乱」が終わった1766 (明和3) 年、地元・有馬村の願心寺の住 職、注 誉上人と各集 落の庄屋らが、敵味方を問わず散乱する遺骨を拾い集め、その霊を 弔 うため、埋葬地に小さな「供養塔」と「ホネカミ地蔵」(ホネカミとは「骨をかみしめる」の意味) という、古い地蔵塔を原 城 本丸の正門跡近くに建 立 しました (合掌)。

　現在、長崎県 南 島原市には、原 城 跡から掘り出した 出 土品を一堂に展示する市営の「原 城 文化センター」が、また熊本県上天草市には、天草四郎の行動と活躍を伝える市営の「天草四郎メモリアルホール」があります。

　2008 (平成20) 年 11 月 24 日、日本で初めて『ペトロ岐部と 187 殉 教 者列福式』の盛大な式典が 3 万人の参列者を集めて、長崎県営野 球 場 で 行 われました。この式典は、徳川幕府の厳しいキリスト 教 禁 教 政策の下で信仰の自由を守り抜き、1603 年から 1639 年にかけて全国各地で殉 教 した 188 人の日本人司祭・修 道者・信徒たちを顕 彰 するもので、「聖人」に次ぐ「福者」に列するための式のことです (➡コラム (11))。この福者の中に天正 遣欧 少年使節の一人、中浦ジュリアン (19 ページ) がいますが、「島原の乱」における約

3万人の犠牲者は含まれていません。「武力をもって権力に立ち向かうことは、非暴力というカトリックの教義に反する」という理由で、バチカン（ローマ教皇庁）は彼らを殉教者と認めなかったのです。「殉教とは神への信仰・希望・愛に生き、信仰への迫害にめげず、無抵抗・非暴力のうちにいのちをささげることです」。

◆「原城跡」は1938（昭和13）年、国の「史跡」として指定されました。

★「ペトロ岐部（1587-1639）」——豊後（現・大分県）出身で、江戸で殉教。1614年「伴天連追放令」でマカオに追放され、その後、迫害に苦しむ信徒たちのため司祭になることを決意し、大陸を横断して徒歩でローマへ向かった。日本人として初めてエルサレムを訪れ、「日本のマルコ・ポーロ」とも呼ばれる。

原城跡

天草四郎銅像

コラム（1）潜伏キリシタンと隠れキリシタン

✝ キリシタン

「キリシタン」（切支丹）という言葉は、ポルトガル語の"Christão"に由来します。戦国時代や江戸時代に、キリスト教の禁教が行われている時にキリスト教に改宗した人々のことです。

戦国時代の1549（天文18）年にフランシスコ・ザビエルが来日し、キリスト教が伝来してから明治初期1873（明治6）年のキリスト教解禁までの期間における「キリスト教徒」、また「キリスト教」を指す歴史的呼称です。英語でChristianと言います。日本での歴史用語は「クリスチャン」とも呼んでいます。なお、禁教期よりも前にキリスト教に改宗した人々を指すこともあります。

★「キリスト教徒」とは一神教である「キリスト教の教義」を正しく理解し、唯一絶対である「神」の存在を信じ、「聖書」（旧約・新約）の教え、特にイエス・キリストの教えに従って生きる人のことです。

★禁教令が敷かれた1614年の統計では、日本国内に聖職者は約150人、キリスト教徒は約65万人を越えていました。ちなみに当時の日本の人口は、約1,500万人です。

《1》『潜伏キリシタン』

1614（慶長18）年、江戸幕府によるキリスト教の「禁教令」から1873（明治6）年の明治新政府によるキリスト教「解禁令」までの約250年間に、ひそかにキリスト教の信仰を守り続けた人々のことです。

潜伏時代の「始め」と「終わり」については、諸説あります。一説は、1644（正保元）年に日本最後の宣教師・小西マンショ神父（イエズス会）が殉教し、司祭が一人もいない中、信徒だけで信仰を守り続けた時代

（潜伏時代の始まり）から、1865（明治2）年の大浦天主堂におけるプティジャン神父（パリ外国宣教会）の「信徒発見」による潜伏キリシタン復活の時代まで（潜伏時代の終わり）、という説です。

フランシスコ・ザビエルによるキリスト教（カトリック）の伝来に伴い、キリスト教信仰が日本各地に広まりました。豊臣秀吉による「宣教師の国外追放令」と徳川幕府の「キリスト教禁教令」によって、多くのキリスト教徒が迫害で殉教を遂げます。特に長崎と天草地方では、「絵踏」（➡コラム（8））、「五人組連坐制」（➡コラム（9））、「寺請制度」（➡コラム（6））という過酷な摘発方法の中にあっても、信徒たちは決してキリスト教の信仰を捨てることはなかったのです。「寺請制度」の下では、カトリックの神だけを拝んでいては生きられないため、表向きは仏教の檀家または神道の氏子を装いながら、ひそかに「オラショ」（祈り）を唱え、クルス（十字架）、聖画像、ロザリオなどの信心具を秘蔵しながら、人知れずキリスト教の信仰を保持し続けたのです。このような人たちを、「潜伏キリシタン」と呼んでいます。

1873（明治6）年にキリスト教が解禁されると、宣教師が再び戻り、潜伏キリシタンはカトリック教会に復帰し、宣教師の指導下に入りました。キリシタンが復活した時、長崎と天草地方には約3万人の潜伏キリシタンがいたと推定されています。明治時代以降は「キリシタン」ではなく、「ローマ・カトリック信者」（単に「カトリック信者」）とも呼んでいます。1865（明治2）年の「信徒発見」後は、「復活キリシタン」と言われることもあります。

【注】小説家・遠藤周作の名著『沈黙』（1966年）の中に、潜伏キリシタンの生き様をかいま見ることができます。禁教下にあって命がけで信仰を守る潜伏キリシタンに対する苛烈極まりない弾圧と拷問に苦しむ信徒を見て、宣教師ロドリゴは苦悩します。「なぜ神は私たちにこんなにも苦し

い試練を与えながら、**沈黙**したままなのですか……？」。「神への信仰とは何か？」を真正面から描いた秀作です。

　ちなみに、『沈黙』のモデル（宣教師ロドリゴ）になった「ジュゼッペ・キアラ神父」（1602-85）の墓碑（東京都調布市の有形文化財）は、東京の調布サレジオ修道院敷地内にあります（合掌）。

《2》『隠れキリシタン』

　1873（明治6）年に「キリスト教が解禁」された時、長崎と天草地方の多数の潜伏キリシタンが宣教師の指導下に入り、カトリック教会に復帰しました。しかし宣教師の指導に入らずに、引き続き禁教時代の独特な信仰形態を保持し続けた人々もいました。彼らは長年、司祭不在のまま自分たちだけの信仰形態を守り、カトリック教会に戻ることなく、先祖代々受け継いできた土着の信仰生活に溶け込んだ、民族宗教を守りました。先祖が大切にしてきたものを自分の代で絶やすことなく守り続けるのは、子孫の大切な務めだと考えたのです。このような人々は、「隠れキリシタン」（別称「カクレキリシタン」）と呼ばれています。

　1950年代の調査では、解禁当時「生月地域」には数多くの隠れキリシタンがいました。「外海地域」では潜伏キリシタンと隠れキリシタンの割合は五分五分、「五島列島」では、潜伏キリシタンと隠れキリシタンの割合は三対一でした。現在では、「カクレキリシタン」は生月地域と外海地域、五島列島の一部に少し残留するのみです。

②平戸の聖地と集落（春日集落と安満岳）

【所在地】長崎県平戸市春日町

✝ 平戸

　平戸は日本本土の西端、長崎県の北西にある地域です。平戸が日本と中国の間を行き来し始めたのは、実に弥生時代にまで遡ります。その後、奈良時代になると、平戸・五島列島を経由して中国大陸に至る航路が利用されました。7世紀から9世紀にかけては、遣隋使や遣唐使の寄港地でした。15世紀には中国との南蛮貿易で栄えた港でした。やがて17世紀になると、ポルトガルやオランダ諸国などとの海外貿易の中継地でもありました。平戸の城下町にはオランダ商館とイギリス商館が開設され、国際貿易港として脚光を浴びるようになりました。しかしイギリス商館は1623（元和9）年に閉鎖され、オランダ商館は1641（寛永18）年、長崎の出島に移りました。平戸には大洋路の貿易活動に伴って、外来の宗教・信仰がもたらされたという歴史があります。

　キリスト教徒にとって平戸は、長崎地方におけるキリスト教宣教の聖地です。1550（天文19）年、フランシスコ・ザビエルは薩摩国（現・鹿児島県）より平戸に移り、キリスト教を広めました。ザビエルによってキリスト教が伝えられて以降、平戸はヨーロッパの世界地図で"Firando"（フィランド）として、その名が知られるようになりました。

　ザビエルは平戸には3カ月ほど滞在しました。平戸領主の松浦隆信（1529-1599）はザビエルを好意的に迎え、ポルトガルとの貿易のために領内での宣教活動を許可しました。ザビエルはこの平戸で、100人以上に洗礼を授けました。こうして平戸は、日本における初期キリスト教の宣教拠点となり、この地からキリシタンの歴史が幕開けしたのです。

　ザビエルは平戸に滞在中、隆信の家臣である木村家を宿としました。平戸での最初の受洗者は、この木村家でした。平戸では木村一族がキリシタンの中心で、最初の日本人司祭セバスチャン木村は、この木村氏の子孫です。

1622（元和8）年、木村神父は長崎の西坂で、火あぶりによって殉教しました。殉教するまでの20年間、木村神父は苦しい宣教活動を続けました。1619（元和5）年には彼の従兄弟レオナルド木村修道士、そして甥のアントニオ木村も長崎で殉教しました。木村一族の三人の殉教者は、平戸地方のキリシタンたちの信仰に栄えある鑑を与えたのでした。この三人は「日本205福者殉教者」（江戸時代初期の205人の殉教者。1867年に教皇ピオ九世によって列福された）の中に挙げられています。1949（昭和24）年にはザビエル来日400周年を記念して、当時ザビエルが滞在した木村家宅があった崎方公園の高台に、白い大理石造りの「フランシスコ・ザビエル記念碑」が建てられました。

　平戸には「**平戸ザビエル記念教会**」（世界文化遺産ではない）が市街地西側の丘の上にあり、「寺院と教会が重なって見える風景」として平戸を代表する景観となっています（72ページ）。観光用ポスターにも利用されるなど、有名な場所です。鉄筋コンクリート造り・ゴシック様式の「教会」は1931（昭和6）年に献堂式が行われ、大天使聖ミカエルにささげられ、聖堂中央に聖ミカエルのご像が据えられています。教会の建物を正面から見ると、左側にのみ八角塔があり、ゴシック様式としては珍しい非対称の景観となっています。一方、「寺院」の方は1592（文禄元）年に創建された浄土真宗本願寺派の「光明寺」と、13世紀末に建立された曹洞宗の「瑞雲寺」です。

　ザビエルは平戸を旅立つにあたり、平戸での宣教を後任の神父に託しました。その中の一人に、**バルタザル・ガーゴ神父**がいました。1553（天文22）年、ガーゴ神父は平戸に2週間滞在し、主だった人たちに洗礼を授けました。その中に松浦隆信氏の家臣・**籠手田安昌**（1508-57）とその子・**安経**（1532-81）、重臣・**一部勘解由**（籠手田安経の弟）がいました。生月では籠手田一族がキリシタンの中心でした。籠手田氏は平戸に居住し、生月には管理者を置いていました。木村一族と籠手田一族によって、平戸のキリスト教は栄えました。何よりも、日本における最初のキリスト教の地となり、繁栄しました。当時広まったキリスト教と、それを信じる信者は「キリシタン」と呼ば

れました。

　生月島は平戸島の北西にある島です。生月はザビエルが宣教した平戸藩に属する島で、「隠れキリシタンの島」として有名です。近年、1977（昭和52）年に平戸島と本土を結ぶ「平戸大橋」、1991（平成3）年には平戸島と生月島を結ぶ「生月大橋」が開通しています。生月島北西海岸沿いには約1kmにわたって続く柱状節理と言われる奇岩怪石群の「塩俵の断崖」（北アイルランドのジャイアンツコーズウェイに類似）からなる天下の絶景が見られます。

　春日集落は、もともと籠手田氏の所領です。隆信の親類でもあった籠手田安経がキリシタンに改宗したことにより、春日集落の住民の間にキリスト教が広まりました。籠手田氏の受洗後、平戸島西岸と生月島でも大勢の村民がキリスト教徒になりました。

　1555（弘治元）年、イエズス会の**ルイス・デ・アルメイダ修道士**が、再度平戸を訪れます。アルメイダはもともと貿易商人で外科医でしたが、熱心に宣教活動を行いました。1561（永禄4）年には春日集落を訪れて、教会を建てています。1562（永禄5）年には「ミゼリコルディア（慈悲の組）」という小さな宗教共同体が、春日集落において組織されました。司祭が不在のとき、共同体の人々は信徒たちを指導し、教会の世話をしていました。1580（天正8）年、アルメイダはイエズス会の司祭に叙階され、平戸の春日集落や生月島の村々を巡り、1583（天正11）年に天草で帰天するまで、宣教に専念しました。

　1555（弘治元）年、**フェルナンデス修道士**が山口から平戸に来てキリシタンの世話をしました。フェルナンデス修道士は、1564（永禄7）年、平戸に仏教風の「天門寺」（御宿りのサンタ・マリア教会）と呼ぶ教会を建てました。天門寺を中心に平戸地方には14もの教会が建ち、生月島を含む平戸一帯の当時の信徒数は約5,000人に達していました。フェルナンデス修道士は1565（永禄8）年に帰天するまで、平戸にとどまりました。

　1587（天正15年）年、豊臣秀吉は「**伴天連追放令**」を発布しました。1599（慶長4）年にはキリスト教に好意的だった松浦隆信が死去し、長男の**松浦**

鎮信（1549-1614）が平戸地方の領主になります。領主になると鎮信は領内にキリスト教を信仰することを禁じ、キリスト教徒を激しく迫害しました。熱心な仏教徒でもあった鎮信は、「領民はすべて仏教徒になるよう」命じ、キリシタンに棄教を迫りました。そしてキリシタン時代に廃絶された寺院を復活させ、寺社を新しく建立しました。鎮信は籠手田とその弟の一部勘解由に、父・隆信の葬儀を仏式で行うよう通告し、出席を求めました。事実上、棄教の命令でした。平戸地方のキリスト教を保護していた籠手田・一部の兄弟は信仰を守るため、家臣約600人を従えて、1599（慶長4）年、人知れず船で長崎に逃れました。籠手田家が迫害されることなく長崎への逃亡が認められた理由は、籠手田家は松浦家の親戚筋にあたり、重要な家柄でもあるため、処刑できなかったのです。いずれにせよ、籠手田家の逃亡によって平戸と生月のキリシタンは保護者を失い、殉教、そして潜伏の時代に入ることを余儀なくされました。潜伏して生きるという運命に抗うキリシタンたちは、寺院の檀家または神社の氏子を装いながら、ひそかに信仰を守ることになります。

　一方、熱心なキリシタンのガスパル西玄可（1556-1609）は妻子と共に島に残り、伝道師として潜伏する信徒の世話をしていました。また入信を求める領民のため、洗礼を授ける役割（水方）を果たしていました。ガスパル西は平戸の生月島に生まれ、父は籠手田氏の家臣で、生月島の総奉行を務めていました。ガスパル西は2歳の時、父と共にガスパル・ヴィレラ神父から受洗しました。やがてガスパル西は松浦鎮信のキリシタン弾圧の下、棄教を拒んだために1609（慶長14）年、昔（1563年）コメス・デ・トルレス神父によって十字架が建てられた「黒瀬の辻」で妻子（妻ウルスラと長男ヨハネ）と共に斬首されて殉教しました。その後、西は「ガスパル様」と呼ばれ、この場所は今も隠れキリシタンとカトリック信徒双方にとって「信仰の地」となっています。「黒瀬の辻」の裏手には、ガスパル西の墓（史跡ガスパル様）があります。そして1991（平成3）年、カトリック信徒たちによって十字架型の「黒瀬の辻 殉教碑」が建てられました。毎年殉教日の11月14日前後には、ミサがささ

げられています。2008（平成20）年、ガスパル西はローマ教会から「福者」に列せられました。

★「黒瀬の辻」。黒瀬とは「クロス」、つまり「十字架」（a cross）とかけた呼び名。「辻」は十字路ではなく、「小高い丘」（a hill）のことです。「十字架の丘」が漢字化された用語です。

　世界文化遺産に登録されているのは「平戸の聖地と集落」全体ではなく、副題に指定されている2カ所です。つまり平戸の北西に位置する、潜伏キリシタンたちが居住し、表向きは神仏信仰を装いながら秘密組織を作ってひそかにキリスト教信仰を守り抜いた「春日集落」、そして平戸の潜伏キリシタンたちが「聖なる山」として祈りをささげ、潜伏キリシタンに関連する遺構が現存する「安満岳」の2カ所です。

✝ 春日集落

　春日集落は平戸島の北西岸に位置し、東側の安満岳から伸びる二筋の尾根に挟まれた谷状の土地に広がります。春日集落には、安満岳の麓に広がる棚田と海に面する低地があります。棚田は、海岸の海抜0ｍから標高150ｍ付近まで、狭い谷間いっぱいに連なる景観です。村民は棚田の米麦、また水産物で生計を立てていました。海岸から安満岳に向けて急な斜面に造られた美しい「棚田の自然景観」は、国の重要文化的景観に指定されています。

　今ではキリシタン時代には想像も及ばぬ光景が見られます。5,000個の発光ダイオード（LED）で棚田を照らすイベント「春日の祈り」が開催されています。夕闇の中、ブルーやピンクの色彩の光が棚田に浮かび上がり、幻想的な雰囲気を漂わせています。ちなみに、春日の稲作は早場米で、9月に刈り入れます。現在では、2011（平成23）年以降、「春日の棚田米」として一般に販売されています。2017（平成29）年には「棚田米」だけでなく、春日の棚田米を平戸の酒造メーカーが日本酒に加工し、「フィランド」（平戸の音訳）の

名を冠してバチカンのローマ教皇にも献上されました。

　春日集落では自然崇拝に加えて、自然の山や島などを崇拝することで、潜伏キリシタンが自らの信仰をひそかに守り続けた集落です。春日集落は潜伏キリシタンの小さな共同体にとって、一種の隠れ所でした。多数の潜伏キリシタンはキリスト教禁教時代の期間中、幕府の監視の目から逃れて、信仰をひそかに守り続けたのです。

　1614（慶長19）年、徳川幕府は全国に禁教令を発令し、平戸の各地でも厳しいキリスト教弾圧によって多くのキリシタンが殉教しました。しかし徳川幕府による禁教があるにもかかわらず、中には宣教活動を続けるために潜伏しながら平戸を来訪する宣教師もいました。その中の一人に、イタリア人のイエズス会士カミロ・コンスタンツォ神父（1571-1622）がいました。1622（元和8）年、神父は春日集落に来て宣教活動を行いました。しかし同年、カミロ神父は五島領の宇久島で役人に逮捕され、平戸に護送されます。1622（元和8）年9月15日にカミロ神父は、焼罪（平戸市田平町）の地で生きたまま火刑に処せられて殉教しました。それ以降、この地に宣教師は不在となりました。現在、平戸の「焼罪史跡公園」にはカミロ神父が火刑に処せられた「焼罪の殉教地」があります。また平戸瀬戸を望む小高い丘の洋風庭園には「殉教の碑」が建てられ、厳しい殉教の時代を今に伝えています。碑文には「カミロ神父は、だれも恨まず、すべての人が幸せに、また永遠の命に生きることを願って命をささげた。それは人間として、美しく、尊い、生と死のありようであった」と記されています。

　宣教師不在になっても、禁教期の春日集落には指導者を中心とするキリシタンの「コンフラリア（信心会）」が形成され、その指導者の下でひそかに信仰が維持されていました。春日集落の潜伏キリシタンは宗教的指導者の下で洗礼を授かり、代々信仰を伝えてきました。潜伏キリシタンは厳しい迫害の中、神道の氏子や仏教の檀家を隠れみのとしながら信仰を守り続けました。

　指導者の住居には表向きは部屋に普段どおりの仏壇や神棚がありますが、その横には「納戸」と呼ばれる部屋があり、「マリア観音」といったような潜

伏キリシタンの信心具が一緒に隠されていました。安置された信心具は、「納戸神」と呼ばれていました。時として彼らは、キリストまたは聖母マリアの姿を変装させたご像を描いた「掛け軸」の前で、ひそかにオラショ（祈り）を唱えたりしてキリスト教の神を隠れて崇敬していました。この春日集落の多くの家には床の間や仏壇の脇に格子の扉があり、そこにある戸棚の中に信心具を納めて、ひそかに崇敬していました。先祖代々伝えられた信心具を自宅に持っている家も多いのですが、「人にやすやすと見せるものではない」と言って大切に隠されていました。今では納戸神などキリシタンの遺品の一部は「平戸市吉支丹資料館」に保存され、一般公開されています。

　春日集落の中央に、棚田から半円形に突き出た「丸尾山」という小さな岩山があります。キリシタン時代には十字架が建てられ、そこに教会堂または石祠があり、春日の村民は聖地としてさまざまな行事を行ってきました。16世紀のイエズス会宣教師の報告や2011（平成23）年の長崎市の発掘調査によれば、約400年前に遡る日本へのキリスト教伝来の初期には「キリシタン墓地遺跡」が散在し、多数の遺体を寝かせて埋葬した跡があることが分かりました。

✝ 安満岳（標高514m ※国土地理院の地図による。）

　安満岳は春日集落の東側に位置する、平戸地方における最高峰です。現在、西海国立公園に属しています。山の大部分は照葉樹林に覆われ、樹林内には多種多様な動植物や昆虫が生息しています。

　安満岳は日本にキリスト教が伝わるはるか以前から、古来、山岳信仰の霊場でした。安満岳は平戸鎮護の霊山として崇められてきました。またこの地は、神道と仏教の神々を崇拝する「神仏習合」の霊場でもありました。加えて日本古来から修験道の修行の場でもありました。春日集落にもキリシタン弾圧の手が及ぶと、潜伏キリシタンはこの安満岳を人目を忍ぶ礼拝場として、また信仰の霊山としてひそかに崇敬していました。

　赤樫の原生林に覆われた安満岳は、元来平戸を保護する霊山であり、豊漁

65

や航海の安全祈願のための山岳信仰の聖地として知られていました。そのため安満岳の山中には「白山比賣神社」やその参道、また山頂には「西禅寺」の遺跡や石祠などがあります。

　この山には禁教期における潜伏キリシタンの信仰のあり方に関する遺構があります。1614（慶長19）年に幕府の禁教令が出され、司祭の不在が長期化するとカトリックの教義があいまいになり、日本古来の宗教観とも融合するようになりました。こうしたことからキリシタン村民は潜伏キリシタンの信仰と重ね合わせて、安満岳を聖地としてひそかに崇拝するようになりました。

　「白山比賣神社」は加賀（現・石川県）の白山（富士山、富山県の立山とともに、日本三霊山の一つ）を本山として718（養老2）年に創建され、白山権現とも呼ばれています。奈良時代の山岳修験者で、白山の開祖と伝わる泰澄（682-767）が勧進したと言われています。山頂にその末社の白山神社が鎮座しています。中世期に密教寺院が設けられ、平戸地域における中心地の一つでした。

　潜伏キリシタンにとって、安満岳全体が御神体として信仰の対象となっています。登山口には江戸時代以前に建立された三つの鳥居（一之鳥居・二之鳥居・三之鳥居）、そして石段の参道、山頂には近年再建された社殿があります。巡礼者は、安満岳山頂に通ずる参道や鳥居を裸足で登ります（裸足参り）。三之鳥居の先には拝殿があり、その背後に御神体として祀った小さな「キリシタン祠」があります。潜伏キリシタンはその祠にロウソクをともしてオラショ（祈り）をささげます。「石祠」の近くには多種多様な石碑や石造物群、また潜伏キリシタンの信仰と関連する遺構も数多く見られます。

　「西禅寺」（真言密教の本寺）は白山比賣神社の参道に隣接し、神社と同年代に創建されました。16世紀後半頃には西禅寺を中心とした山岳仏教勢力が大きな力を持ち、宣教師らと敵対していたようです。寺院は明治維新の廃仏毀釈（仏教を排斥し、寺院を壊すこと）のため廃寺となりました。しかし境内には建物の礎石、泉水、池、石造物などの遺構が残存しています。近くには、西禅寺の僧侶や修験者の墓と思われる小さな石塔が数カ所ほど建てられた「西

禅寺の石碑群」があります。

　禁教時代後期になると、在来の神道、仏教に基づく宗教と潜伏キリシタンの信仰とが融合し、安満岳は三つの信仰（神道・仏教・キリスト教）が並存する聖地となりました。潜伏キリシタンのオラショ（祈り）の中にも「安満岳様」、または「安満岳の奥の院様」と呼びかける言葉があり、信徒らは安満岳を御神体として信仰しました。潜伏キリシタンは安満岳を聖地として崇敬しながら、集落でひそかに身を潜めて信仰を保っていたのです。近くの生月島からも潜伏キリシタンたちが礼拝に訪れていました。潜伏キリシタンたちは当時、舟の上からもこの安満岳に向かって祈りをささげていたと言われています。

　1873（明治6）年のキリスト教解禁後も、春日集落の潜伏キリシタンはカトリック教会に復帰することはなかったのです。彼らは「隠れキリシタン」となり、神仏もデウス（キリシタンの神）も、それぞれ信仰する禁教期時代に育んできた伝統をそのまま維持し続けました。隠れキリシタンの祭壇は、仏壇や神棚と同居しています。そのため春日集落には「カトリック教会堂」（教会）はありません。春日集落には、カトリックとは一線を画した民間信仰を伝承してきた地域が見られ、「神寄せのオラショ」と呼ばれる独特の祈りの唱え方の儀礼などが見られます。

　近年、この集落ではこのような固有の信仰形態を見ることはほとんどありません。現在では個人的に信心具を祀る程度になっています。しかし信仰は途絶えているわけではなく、隠れキリシタンの末裔の人々が今も生活しており、その語り部の方々の話を聞くことができます。

　前述したように、春日集落には多様な宗教が共生するという伝統があり、大らかな宗教観があります。「宗教が原因で戦争やテロが絶えない現在、宗教の違いを認め合うことで平和が訪れるのだ」というメッセージを、こののどかな春日集落の風景は私たちに語りかけてくれます。

　カトリックにおける、今世紀最大の大改革と言われる「第二バチカン公会議」（1962-65）の路線を象徴する『エキュメニズム運動』（教会一致促進運

動）が世界的にわき起こり、日本では、カトリック教会とプロテスタント諸教派が協力して「新共同訳聖書」が出版されました。また1981（昭和56）年2月24日には、史上初めてローマ教皇ヨハネ・パウロ二世が日本を訪れました。その時、東京の駐日ローマ教皇庁大使館で教皇は、プロテスタントの日本基督教団をはじめ、聖公会、日本福音ルーテル教会、ロシア正教会、救世軍まで26にも及ぶキリスト教諸派を招いて面会しています。また全日本仏教会、神社本庁、新日本宗教団体連合会などの宗教代表者とも親しく言葉を交わしています。

　さらにヨハネ・パウロ二世教皇が全世界の宗教指導者に呼びかけて1986年に開催した「アシジ平和祈願の日」を継承するものとして、日本の天台宗が中心となって1987（昭和62）年に第1回「比叡山宗教サミット」が開催されました。以後、諸宗教の対話と協力を推進するために、世界の宗教指導者（キリスト教・仏教・神道・イスラム教・ユダヤ教など20ヵ国）が参加して、「世界平和の祈りの集い」を毎年比叡山で開催しています。2019（令和元）年8月4日の夏、「祈ることから平和は始まる」を合言葉に仏教天台宗の総本山、比叡山延暦寺（滋賀県）で「第32回比叡山宗教サミット」を迎えました。

◆ 「平戸島の文化的景観」は2010（平成22）年に、国の「重要文化的景観」に選ばれました。海岸から山間部にまで連なる緑映える美しい棚田は、実に壮観です。集落の景観は江戸時代からほとんど変わることなく、見る人の心に禁教期における潜伏キリシタンの生活をしのばせてくれます。

春日集落

安満岳（正面奥の山）

コラム（2）なぜ、キリスト教は禁止・弾圧されたのか

　高校生用の「日本史」の教科書には「禁教令」に関して、次のような主旨の説明があります。「徳川幕府は、初めはキリスト教を黙認していました。しかしキリスト教の布教がスペインやポルトガルからの侵略につながることを強く恐れ、また信徒が信仰のために団結するのを恐れて、1612（慶応17）年、幕府の直轄領に禁教令を出しました」と記されています。

　1596年のスペイン船「サン・フェリペ号事件」が引き金になり、江戸幕府は宣教師の背後にあるスペイン・ポルトガルの軍事力を恐れてキリシタンを禁止したのです。ことの成り行きは、「サン・フェリペ号」が嵐のため四国の土佐沖に漂着し、湾内の砂州に座礁しました。この船は商船であったため大量の積み荷があり、豊臣秀吉の命令で没収されました。乗船していたカトリックのフランシスコ会員は積み荷の返還を秀吉に求めました。その積み荷のことで言い争っているときに脅しの言葉として、「スペイン国王はキリスト教の宣教師を派遣して信徒を増やし、やがて日本を征服する」という航海士の発言があり、それがキリシタン禁教政策の引き金になったと言われています。しかし現在まで、実際にそのようなやりとりがあったという当時の史料は日本側の記録には見当たりません。

　1588年、英仏海峡で行われたアルマダの海戦で、イギリス海軍はスペインの無敵艦隊（アルマダ）に勝利しました。これを契機として、幕府はスペイン・ポルトガル貿易よりもイギリス・オランダ貿易を重視し始めました。スペインやポルトガルは、必ず貿易と宣教を一体として推進していたのですが、こうしたイギリスの台頭によって幕府は政権安定の妨げとなるキリシタンを保護する理由がなくなり、政策を「キリシタン

禁教」へと方向を転換したのです。

　キリスト教の禁教は豊臣秀吉から徳川幕府へと引き継がれました。1597年には、キリシタン史上最も有名な「日本二十六聖人殉教」（21ページ）が断行されました。豊臣秀吉による「伴天連追放令」、徳川幕府による「キリスト教の禁教令」、さらにはキリスト教を日本から根絶するため、「絵踏」や「宗門改め」などが実施されました。

　確かに、豊臣秀吉や徳川幕府は自らの方針と相いれないという理由で、キリスト教を禁止・弾圧しましたが、上記の歴史教科書の説明以外にも「価値感の違い」という面での見解が多々存在します。

　まずは、「神の前では人間は皆、平等である」というキリスト教の教義です。秀吉や家康は、「領主の地位も庶民と同等に貶められるのではないか」と、とても恐れたのです。キリスト教では、現世における「身分の平等」ではなく、あくまでも来世における「救済の平等」を主張します。為政者はキリシタン信徒の団結力が権力者の独裁支配体制を壊し、豊臣秀吉の「天下統一」を妨害することを強く懸念したのです。また特に将軍の神格化を図る徳川幕府にとって、「デウス以外を神と認めない」キリスト教の「平等思想」は、目の上のたんこぶでした。

　次に、「キリスト教の想定外の拡大」があります。キリシタン大名による神社仏閣の破壊行為と所領住民へのキリスト教信仰の強制です。九州でのキリシタン大名（大村純忠など）は、領民をキリスト教に集団改宗させて、地域支配を行っていたのです。宣教師によって信徒を増やし、彼らがキリシタン大名と結託して、武家政権を倒そうとするのだと豊臣秀吉は誤解していました。

　最後に、「世俗の権力より、天上の神の権威を重視する」というキリスト教の信条です。徳川幕府は、人民を差別的な階級制度の「封建政治」によって支配する仕組みが崩れると危惧していました。家康は信徒の

団結、信教の自由を主張するキリシタンに不安を抱いたのです。事実、1637年には「島原の乱」が勃発しました。幕府は悪戦苦闘した「島原の乱」のような信仰による信徒団結の反乱が再来することを、非常に恐れていました。

平戸ザビエル記念教会
（寺院と教会が重なって見える風景）

③平戸の聖地と集落（中江ノ島）【所在地】長崎県平戸市下中野町

✝ 中江ノ島

中江ノ島は平戸島と生月島北西岸の沖合2kmに浮かぶ小さな無人島です。この小島の広さは東西の全長約400m、そして南北の幅約50mの細長い島です。最高地点は海抜34.6mです。島の周囲は切り立った岩壁で覆われ、人を寄せつけぬ雰囲気を漂わせています。中江ノ島は生月島の東の沖に浮かぶ、歴史を刻む「隠れキリシタンの地」でもあります。この小島は行政的には平戸市に入りますが、精神的には生月島に属しています。平戸にはキリシタンの殉教にまつわる聖地がいくつもありますが、信仰を固く守ってきたキリシタンにとっての最大の聖地は、島の東部に浮かぶ中江ノ島でした。

禁教下の江戸時代、平戸島または生月島の村々は、洗礼を受けた領主のもと、大勢の領民が一斉に改宗した「潜伏キリシタンの聖地」でした。同時に、中江ノ島は禁教時代初期の17世紀、平戸藩による「**キリシタンの処刑地**」でもありました。そのため、この島は潜伏キリシタンにとって「殉教地」として長く崇敬されてきました。島の中央付近に祠があり、その周辺こそが隠れキリシタンの聖地で、「祈りの場」とされていました。

✝ 信徒の殉教地

1614（慶長19）年、徳川幕府は全国にキリスト教の禁教令を発布し、翌年にはすべての宣教師の追放令を出しました。キリシタンの弾圧、教会の破壊、宣教師や有力キリシタンの海外追放が行われました。もはや国内に宣教師たちがとどまることは不可能に近い状況だったにもかかわらず、追放された宣教師たちはひそかに日本に戻り、再び宣教を試みました。

前述（➡②平戸の聖地と集落、（64ページ））したように、江戸時代前期1605（慶長10）年にマカオに追放されていたイエズス会の**カミロ・コンスタンツォ神父**が、1621（元和7）年に日本に再び潜入し、平戸や生月などでひそ

かに宣教しました。カミロ神父はやがて伝道師のジュアン（ヨハネ）坂本と共に五島に渡ったところを、五島の宇久島で役人に捕らえられました。1622（元和8）年9月15日に平戸の対岸にある現在の田平町の「焼罪」で、カミロ神父は生きたまま、火あぶりの刑に処せられました。現在、その殉教地には「焼罪史跡公園」が整備され、神父を称える「殉教の碑」があります。

　同年1622年5月27日、カミロ神父の活動に協力したとして捕縛された2人の若者がいました。カミロ神父の宿主であったジュアン（ヨハネ）**坂本左衛門**（31歳）、そしてカミロ神父に小舟を提供したダミアン**出口才吉**（42歳）です。この2人は、中江ノ島で最初に殉教しました。彼らの遺骸は袋に詰められ、海中に投棄されました。カミロ神父をかくまった平戸の信徒14人も中江ノ島で殉教しました。

　最初の殉教から2年後の1624（寛永元）年3月5日、ジュアン坂本の家族全員（妻と子ども4人）と、ダミアン出口の家族全員（老母、妻、子ども4人）も中江ノ島で殉教しました。3人の息子は海に投げ込まれました。彼らは処刑される島へ自分たちを運ぶ船の櫂を自ら漕ぎ、聖歌を歌いながら中江ノ島へと渡りました。言い伝えによると、捕らわれのキリシタンたちは中江ノ島の殉教地に向かう船の中で、「ここからパライソ（天国）は、もうそう遠くはない」と相互に励まし合いました。天国での再会を希望しながら、死別のあいさつを交わしました。捕らわれのキリスト教徒の中には、島に行く途中で袋詰めにされて縛られ、海中に投げ込まれて溺死した者もいました。7歳の少女（イサベラ）は、殺された母親の遺体の上にひれ伏したまま息を引き取りました。彼ら全員は「殉教者」となりました。

　中江ノ島で処刑された14人のうち、3人（坂本、出口、次郎右衛門）は洗礼名は「ヨハネ」でした。「ヨハネ」はポルトガル語で「ジュアン」と読みます。島の中央に隠れキリシタンが建てた祠があり、三体の「ジュアン様」の像が安置されています。平戸島や生月島のキリシタンは、ジュアンの名を持つ殉教者が出たことから、この中江ノ島を「サン（三）ジュワン様」と呼び、潜伏キリシタンにとっては「聖なる殉教地」として篤く崇敬されてきた場所でし

た。多くのキリシタンたちは信仰を守るため、やむを得ず地元住民たちから聖地（天国への門）と言われる平戸の中江ノ島や安満岳といったような地域に、身を隠していました。厳しい弾圧の中、キリシタンたちが希望を込めて歌ったという「サンジュアン様の唄」があります。「今は、どんな花か咲かせることができぬままに散っていく命だけれど、未来は、きっと、大きな命の花・信仰の花を咲かせよう」。

✝ お水取りの儀式

中江ノ島は、潜伏キリシタンにとって「お水取り儀式」を行う重要な聖地（お水取り場）としても崇敬されていました。水は「サンジュワン様のお水」と呼ばれていました。島の中央にはサンジュワン様の祠があり、その先には縦に亀裂が走る崖の岩場があります。岩場にある断崖の割れ目の前に正座をし、岩場に供え物をして、ロウソクを灯し、数名の信徒がキリシタンのオラショ（祈り）を唱えます。お祈りを唱え終わると、岩肌の裂け目からわずかながら水が染み出てきています。裂け目に萱の葉を指して導管とし、そこから水を少しずつ採取し、器に入れて家に持ち帰ります。帰宅後、「御魂入れ」の儀式を行うことで水は「聖水」となります。聖水は陶器の瓶に保管し、祭祀用に大切に安置されます。聖水は、汚れを清める霊力のある御神体として丁重に取り扱われました。

島内に司祭が不在のため、潜伏キリシタンはこの聖水を額に注いで行う「洗礼」のために使用していました。さらには家や船を清めたり、疾患を治療したりするときにも使用しました。また遠洋漁業の船員が船上で体調を崩した時に、聖水を飲めばすぐに治ったという事例もあります。不思議なことにこの水は、「一年間腐らない」と信じられていました。

この「お水取り」の儀式は、奈良の東大寺で3月に「修二会」の一部として行われる「お水取り」と類似しています。東大寺の「お水取り」は、早朝に井戸（「若狭井」）から水をくみ、仏さまにささげます。異なるのは、水を採るのが「井戸」と「岩」だけの話です。

　現在、この「お水取り儀式」は生月島出身の潜伏キリシタンによって、絶えることなく定期的に行われています。彼らは地面にひざまずきながら岩の裂け目に向かってオラショ（祈り）を唱えるなど、禁教期固有の信仰形態を今も色濃く残しています。潜伏キリシタンは、表面的には既存の宗教や社会慣習の標準的な儀式を行いながら、内面的にはひそかに尊いキリスト教の信仰を守り続けていました。

◆「平戸島の文化的景観」は 2010（平成 22）年、国の「重要文化的景観」として選定されました。

中江ノ島

堺　目お水取り
（平戸市生月町博物館・島の館提供）

コラム（3）　なぜ、キリシタンは殉教者となったのか

　仙台司教区および高松司教区で司教を務めた故・溝部脩司教が次のように述べています。

　「神さまをすてなさい」と命令されて、「そのことだけは、どうしてもできません」と、答えた人たちがいました。そのために、この人たちは処刑されました。教会はこの人たちのことを「殉教者」と呼んでいます。死ぬことをも恐れないで、神の教えがいちばん大切だと示したからです」（『ペトロ岐部と187殉教者』（ドン・ボスコ社）より）。

　潜伏キリシタンについて語るときに、避けて通れないのが『殉教』です。

　幕府がキリシタンを殺すだけなら、「断罪」でよい。見せしめのためならば「磔」でよい。しかしキリシタンの処刑は「棄教」、つまり信仰を棄てさせることでした。幕府の目的は、「殉教すれば死後、必ず天国に行ける」というキリシタンの心のよりどころを打ちひしぐことにありました。

　殉教者は凄惨な迫害やむごたらしい拷問にも屈せず、雄々しく神への信仰のため、その生命をささげました。「殉教者には100％、天国への道が約束されている」ということは、当時の人々にとって「天国が目の前に見えること」ほどに、確かで魅力的なものだったのです。当時の多くの受洗者は、キリシタンとはいかなるものかを十分に理解せずに、ただ領主の命に従ったとはいえ、彼らは彼らなりに、「キリシタンの神に対して求めるもの」があったのです。

　日本で最初の大殉教と言われる「日本二十六聖人殉教者」（22ページ）は、来世への輝かしい「希望」、救われた者としての「平安」、殉教者になり得た「光栄」に喜々として死を迎えたのです。

　日本二十六聖人殉教者の筆頭に挙げられるイエズス会修道士のパウロ三木（1560-97）は、十字架上で「私はキリスト教を信じ、その教えを説いただけで死刑にされます。信仰を守るゆえに私は命をささげます。私はキリストの教えに従い、自分の処刑を命じた人（豊臣秀吉）と、処刑に関わった役人すべてを心から赦します」と叫んだということです（ルイス・フロイスの記録より）。2000年前、イエス・キリストが十字架上に高く上げられた時、その口から出た第一声は、まさに神の子キリストの祈りでした。『**父よ、彼らをおゆるしください。彼らは何をしているのか、わからずにいるのです**（Father, forgive them. They don't know what they are doing.)』（ルカ23・34）。パウロ三木の脳裏には、このキリストの祈りがよぎったのでしょう。現在、パウロ三木の名前は、東京・四谷のカトリック麹町（聖イグナチオ）教会のイエズス会が運営する「聖三木図書館」にその名を今にとどめています。

　二十六聖人殉教者たちの最期を見届けた民衆（約4,000人）は、その神々しい姿に心を打たれ、後日、大勢の人がキリシタンになったと伝えられています。中には、役人の制止を振り切り、殉教者の着物の切れ端などを聖遺物として切り取るキリシタンもいました。殉教者にとって「死は天国に行くことであり、神のみもとに行くことであり、神の祝福と慰めにあずかること」であったのです。

　「殉教」の語源は、ギリシア語（martyria）で「証し」という意味です。文字どおり、自分の命を懸けてキリストへの信仰を「証し」することだったのです。したがって「殉教者」（a martyr）は「証し人」という意味です。『ペトロ岐部と187殉教者』（ドン・ボスコ社）の書籍には、「信仰の真理（イエス・キリスト）を表すために死ぬことさえ惜しまないで証しした人、イエス・キリストを忠実に証明するために自分の生命を捧げた人」と記されています。

「キリストの左右に二人の悪人が十字架上にいました。一人はキリストに向かって、『私たちは行ったことの報いを受けたのだから当然です。しかし、この人（イエス・キリスト）はなんの悪事もしなかったのです。……イエスさま、あなたが王位をもってお帰りになるとき、私を思い出してください』と言いました。イエスは、このように返答しました。

『今日あなたは、私とともに天国にいるでしょう（Today you will be with me in Paradise.）』」（ルカ23・43）。この最後の言葉こそ、キリストへの信仰のために生命をささげた殉教者に向けられるべき言葉です。

『最後まで耐え忍ぶ人は救われます（The one who stands firm to the end will be saved.）』（マタイ10・22）。

『あなたたちは敵を愛し、迫害する人のために祈りなさい。そうすれば、あなたたちは、天においでになるあなたたちの父の子となるのです（Love your enemy. Pray for those who hurt you. Then you will be children of your Father who is in Heaven.）』（マタイ5・44-45）。

ちなみに「敵を愛する」という、このキリストの最後の言葉に魂を揺さぶられたルー・ウォーレス（Lewis Wallace 1827-1905）という米国人の作家がイエス・キリストへの信仰に目覚め、世界的なベストセラーとなった『ベン・ハー（Ben-Hur: A Tale of the Christ）』という小説を書き上げたというのは、あまりにも有名な話です。この『ベン・ハー』は後に映画化され、日本はもとより世界中で大ヒットしました。

遠藤周作の名著『沈黙』に、このような一節があります（殉教者が海岸での刑場で水磔（海中に立てた十字架が満潮時になると水没して、徐々に溺死に至る）に処せられている）。

この海の不気味な静けさのうしろには、私は神の沈黙を……神が人々の嘆きの声に腕をこまねいたまま、黙っていられるような気がして……
「主よ、あなたがいつも沈黙していられるのを恨んでいました」。
「私は沈黙していたのではありません。一緒に苦しんでいたのです」。

④天草の﨑津集落 【所在地】熊本県天草市河浦町﨑津574

✝ 﨑津集落

　天草諸島は、「天草パールライン」でよく知られる天草五橋（全長 12 km）によって、九州本土と結ばれています。天草五橋は 1966（昭和 41）年に完成しました。﨑津集落は世界文化遺産の 12 構成資産の中で唯一、熊本県にある天草市の集落です。現在、天草は熊本県に属していますが、かつては長崎県との結び付きが強く、廃藩置県（藩を廃止し、県に一元化する行政改革）が実施される明治 4 年までは、長崎に属していました。天草は小さな漁村ですが、そこには尊いキリシタン文化が息づいています。

　南蛮船は、かつて天草の南西部にある波のおだやかな羊角湾に来航していました。天草は古くから遣唐使船や朝鮮の船が漂流するなど、アジア諸国との交流が深い地であり、海上交易と宣教の拠点として繁栄していました。今ではその南蛮文化の名残はどこにもありません。しかし島民のほとんどがキリシタンであった天草地区には、禁教時代にひそかに守り続けた信仰の証しが今も残されています。

　﨑津集落は、熊本県の天草諸島における下島の南西部に位置する漁村集落です。﨑津集落は、戦国時代（1467-1573）にはすでに集落として成立していました。天草下島南部は、室町時代から豪族の**天草久種**（不明 -1601）が領有している地でした。

　戦国時代後期の 1566（永禄 9）年、イエズス会宣教師の**ルイス・デ・アルメイダ**（1525-83）が天草久種から天草における宣教を初めて許可されました。アルメイダは本来医者であり、西洋医学を日本に初めて導入した人です。献身的に病人を治療するその姿を見て、キリスト教に改宗する人が多数出ました。熊本県下島の西岸には、1569（永禄 12）年に、このアルメイダによって最初に「﨑津教会堂」が建てられ、宣教が開始されました。この教会堂を中心にキリスト教は天草全土に広がり、信心具も多数伝来しまし

た。やがて集落には30余りの教会が建てられ、さらには約15,000人以上の村民がカトリックに改宗しました。その後、1571（元亀2）年には領主の天草鎮尚（不明-1582）とその子の久種がカブラル神父から洗礼を授かりました。

やがて、キリシタン大名の小西行長が天草地方を統治し、1587（天正15）年の豊臣秀吉による伴天連追放令後も、宣教師は庇護されました。キリスト教の宣教時には天草地方の人口の約7割がキリスト教徒だったと言われています。

この時期、天草におけるキリスト教の教勢は全盛を迎えます。特に1591（天正19）年から1597（慶長2）年には、聖職者を養成する教育機関であるコレジオ（大神学校）が設置され、当時の最先端の教育が行われました。また天正遣欧少年使節（18ページ）が持ち帰ったグーテンベルグ印刷機による活版印刷も使用され、南蛮文化が開花しました。

時代が流れ、1613（慶長18）年、徳川幕府によって禁教令が出されると、キリスト教徒は潜伏を余儀なくされました。1637（寛永14）年に「島原の乱」が勃発し、その後天草は、幕府直轄の天領地となります。1638（寛永15）年、禁教期に入ると、崎津では厳しい迫害が始まりました。『崎津カトリック教会の由来記』によれば、公然と信仰を明かすことができないため、真夜中にひそかに集合して神を礼拝し、祈りをささげていました。崎津集落には潜伏キリシタンの指導者の屋敷がありました。屋敷には信徒たちに祈りや教義を教える「帳方」、また洗礼を授けたり、葬儀などカトリック教会の典礼儀式を行う「水方」と呼ばれる信仰指導者が居住していました。このような指導者たちは「コンフラリア（信心会）」と呼ばれる潜伏組織をつくり、ひそかに信仰を守り続けました。

一方では、このような信徒を摘発するため各地に寺院が設けられ、領民は必ずどこかの寺院の檀家になるという「寺請制度」（➡コラム（6））が始まりました。村民全員は「宗門改所」で、氏名と宗門を余儀なく登録させられました。また毎年、崎津集落の庄屋の家（吉田庄屋役宅）において、潜伏

キリシタンでないことを証明するため、「絵踏」(➡コラム(8))が定期的に実施されました。潜伏キリシタンは信仰を守るため、表向きは仏教の檀家、または神道の氏子を装うようになりました。彼らは﨑津諏訪神社(後述)を隠れみのとして、キリスト教の信仰を維持するために氏子に加入したのです。

　﨑津集落では禁教期において、「仏教・神道・キリスト教」が共生する漁村特有の信仰形態を育んだのです。キリシタンが潜伏していることを知りながら、相互に尊重し合う三つの宗教が融和・共存していたのです。この度、「長崎と天草地方の潜伏キリシタン関連遺産」が世界文化遺産として登録された今日でも、「神道の﨑津諏訪神社」、「仏教の聖観世音菩薩」、「『神は慈愛(ヨハネ4・8)』と書かれたカトリック﨑津教会」の名が記された、世界でも類を見ない三宗教一体の「御朱印」を拝受することができます。

　2007(平成19)年にはフランスの有名な「ル・モンド」紙に、「天草・島原の乱」で亡くなった多くの人々の霊を弔うために毎年「カトリック教会」の信徒が主催して、「仏教」や「神道」の信徒と共に開催している「天草殉教祭」が記事として取り上げられました。

✚ 﨑津諏訪神社

　﨑津集落には、集落の鎮守の社として1647(正保4)年に創建された「﨑津諏訪神社」があります。地元漁民は豊漁や海上の安全を祈願するため、神社に参拝していました。﨑津諏訪神社は、﨑津教会の西の山裾にあり、海に向かって東側に建っています。石段を登り、途中の一之鳥居と二之鳥居、この2つの石鳥居をくぐると、境内に達します。正面に拝殿、その後方に本殿があります。

　キリスト教禁教期には、大勢の潜伏キリシタンが﨑津集落に住んでいました。身分の発覚を避ける手段として、彼らは在来の信仰を装うため表向きは﨑津諏訪神社の氏子となっていました。﨑津諏訪神社は信仰の枠を越えて、日本在来の宗教(神道・仏教)とキリスト教を共生させた、独特な信仰の場所でした。

　﨑津集落は戦国時代以降に開かれた小さな漁村で、天草の漁業拠点の一つです。潜伏キリシタンは生業と関連する漁村特有の信仰形態によって、ひそかにキリスト教の信仰を守ってきました。潜伏キリシタンは豊漁の神である「恵比寿神」や「大黒天」を、キリスト教の唯一神である「デウス」に見立てて崇拝していました。特に漁村に特有の信心具を制作して、信仰をひそかに保ち続けていました。貝殻を加工したメダイやロザリオ、またアワビやタイラギの貝殻の内部の模様を「**聖母マリア像**」に見立てて、祈りをささげていました。このように海に関する信心具は、洗礼を司るなどの典礼儀式を担当する指導者「水方」の子孫の住居に現存します。

　潜伏キリシタンの家屋には、信心具である「柱の中の隠しメダイ」があり、祈りをする時には、そっと柱を開けて、メダイに向かってオラショ（祈り）を唱えていました。またメダイの代わりに信仰の対象を貨幣に刻んだ、日本古来の「古銭」（例：寛永通宝や天保通宝）なども保持していました。さらには「聖骨箱」と呼ばれる聖人の遺物を収めるための箱もありました。このように日常生活の中で、他宗教の信仰を装いながら信仰を守り抜いた潜伏キリシタンの苦心を伺うことができます。

　現在でも﨑津には、正月以外でも一年中、玄関に「注連縄」を飾る家があります。これは潜伏キリシタンが、自分たちは「キリシタンではないことを表すための偽装」で、禁教時代の名残です。﨑津は「**潜伏キリシタンの里**」として、広く知られていました。

　1805（文化2）年、天草下島（﨑津、大江、今富、高浜の4集落）に在住する村民（約5,200人）が潜伏キリシタンとして摘発されました（**天草崩れ**）。﨑津集落では村民（2,401人）のうち7割（1,709人）が、信徒として検挙されました。彼らはひそかに保管していた信心具を﨑津諏訪神社に届け出るように強いられました。このとき幕府は逮捕者が多数いたことに驚き、「島原の乱」の再発を強く恐れました。そのため奉行は強硬策をとらず、また、年貢をきちんと納めていることもあり、絵踏だけを行って穏便に事を収めました。また逮捕された村民は、「宗門心得違いの異教徒」であるとして黙認され、無罪放免さ

れたとも言われています。つまり、教会もなく、教えを伝える司祭も不在のまま長期の歳月を経ているので、キリシタンの信仰は変質しているように見え、彼らはもはや「キリスト教徒」ではなく「異教徒」だと、奉行は判断したのです。「心得違いの村民が絵踏をしたなら、改心した」と見なして、処罰しなかったのです。おとなしく絵踏をして難を逃れた潜伏キリシタンは、帰宅後、踏絵に足をかけたことを深く後悔し、その足を水で洗い、オラショ（祈り）を唱えて神の赦しを請い求めました。

✚ 﨑津教会堂

　明治時代に入って、1873（明治6）年にキリスト教が解禁されると、240年ぶりにカトリック宣教師が﨑津に帰ってきました。﨑津集落の大勢の潜伏キリシタンが改めて洗礼を受け直し、1876（明治9）年には16世紀に祖先が信仰を受容し、子孫に伝えたカトリック教会へと続々と復帰を遂げました。

　1882（明治15）年には、﨑津教会の第2代主任司祭、ベルナルド・フェリエ神父が赴任し、1888（明治21）年になると、かつてキリシタンが禁制時代にひそかにオラショ（祈り）を唱えていた﨑津諏訪神社の近くに、小さな木造の「﨑津教会」が初めて建てられました。一見すると、日本家屋と何ら変わらない建物です。正面の屋根に十字架があり、入り口に聖母マリア像があるので、ようやく、「教会」だと判明できる程度です。しかし、ここは潜伏して信仰を固く守り続けたキリシタンたちの苦闘の歴史が、多数残されていた場所です。フェリエ神父は、大工を連れて長崎の大浦天主堂を見学させてから﨑津教会を造らせた、とも言われています。教会は老朽化のため移転して、再建されました。最初の教会の跡地には現在、修道院が建っています。

　1927（昭和2）年には、第4代目となるフランス人宣教師ハルブ神父(1864-1945)が、絵踏が行われていた吉田庄屋役宅の跡地を購入しました。神父は、禁教時代に行われていたキリシタン弾圧の象徴である絵踏が行われていた旧跡に、カトリック教会を建設することを強く熱望していました。迫害現場に教会が建つ、これが「カトリック教会への復帰のシンボル」、

「キリストの勝利」となることを考えていたのです。

　崎津教会は明治以降、三度にわたり改築されました。昭和初期の1934（昭和9）年には、日本家屋の木造教会は取り壊され、その敷地に現在の「**崎津教会堂**」がハルブ神父の指導の下、長崎県五島出身の**鉄川与助**（1879-1976）の設計・施工によって建てられました。教会堂はハルブ神父の私財と崎津住民の寄付金により完成しました。信徒たちは、大人も子どもも総出で、奉仕活動に協力しました。特にコンクリート用の砂や砂利は、信徒たちが浜から運びました。予算の関係で、木造部分もあります。ハルブ神父は設計図を片手に現場に立ち、神父自ら木材の材質の検査や監督・指揮をすることもあったようです。

　鉄筋コンクリートと木造瓦ぶきを合わせたゴシック形式の教会建造物の外観には十字架の立つ尖塔がそびえ、堂内は円天井の下が板張りの床で、畳敷きになっています。内装は伝統的な日本家屋を連想させる雰囲気です。主祭壇は、かつて禁教期に「絵踏」が行われていた、まさに同じ場所に設置されています。崎津集落の中で高くそびえる教会の尖塔は、この地に刻まれた約250年に及ぶ潜伏キリシタンの歴史と文化の象徴です。崎津教会堂には「ハルブ神父碑」が建っています。

　崎津教会堂は洋と和の調和がある、独特の美しい教会です。海辺に位置する教会は深い入り江がある港町にあり、多数の家屋が密集しています。崎津諏訪神社から見下ろす集落の中心地に位置し、崎津教会堂横の小高い丘にある「教会の見えるチャペルの鐘展望公園」から眺めると、まるで背後に広がる河浦海上に浮かんでいるように見えます。そのため、この漁村の入り江に建つ教会は「海の天主堂」とも呼ばれ、天草地方におけるキリシタン信仰の復活を力強く象徴するものとして、日本の漁村らしいのどかな美しい風景の中に建っています。1996（平成8）年には教会が建つ漁港一帯が日本の渚百選「キリシタンの里・崎津」に選ばれ、2001（平成13）年には海の香りが漂い、教会の鐘の音に癒やされる風景として、環境省から日本のかおり風景100選の一つである「河浦崎津天主堂と海」に選ばれました。

　天草漁港の入り口の岬には、今も変わらぬ﨑津のキリシタンたちの篤い信仰心を示す「海上マリア像」が佇んでいます。1974（昭和49）年に地元の人たちは、海上での安全を祈願するため、海に向かって白亜のマリア像を建てました。﨑津の漁師は漁に出るときに海上での安全を祈り、無事に戻ってくれば聖母マリアに感謝をささげます。日が暮れ、夕陽を浴びて浮かび上がる「海上マリア像」は神秘的で、厳かな美しさといったものを辺り一面に放っています。

　「天草の﨑津集落」が世界文化遺産になり、今ではカトリック信者であるかどうかを問わず、大勢の人が﨑津教会堂を訪れています。﨑津教会堂の主任司祭は、次のように述べています。「﨑津教会は歴史的に重要な場所であり、そこが大きく評価されたのではないでしょうか。世界文化遺産となれば、教会は世界の祈りの場になります。世界の人々が日本のキリシタンの歴史を正しく理解してもらういい機会になればよいでしょう」。

◆「天草市﨑津・今富の文化的景観」は2011（平成23）年と2012（平成24）年（追加選定）、国の「重要文化的景観」に選定されました。海際に民家が密集し、「トヤ」と呼ばれる細い通路が張り巡らされ、また材木を組んで海上に張り出した「カケ」と呼ばれる作業場など、昔ながらの美しい漁村の風景が見られます。

崎津教会堂
さきつきょうかいどう

踏絵
ふみえ

コラム（4）　どのようにして潜伏キリシタンは信仰を維持したのか

　1644年にマンショ小西神父が殉教したのを最後に、日本には司祭が一人もいなくなりました。その後も厳しい取り締まりと迫害が続き、キリシタンが一人で生き残るのは非常に難しくなりました。迫害が厳しくなると、殉教も辞さない信仰を養い、貧しいながらも相互に助け合い、司祭の不在を補うための秘密の組織が形成されました。しかし戸別訪問をするにも限度があります。そこで潜伏キリシタンたちはひそかに信仰を守り続けるために、「潜伏組織」をつくりました。この組織こそが、潜伏キリシタンが信仰を代々継承できた最大の原動力でした。このような組織がきちんとした体制を保持していたのは、主として長崎の浦上、外海、そして外海からキリシタンたちが移住した五島列島においてでした。

　潜伏組織には潜伏キリシタンの集落に根づいた信仰共同体の中で、司祭に代わって「3人の世話役」が共同体と信徒の信仰生活を守ったのです。この三役職の下に「一般信徒」がいました。

(1)『帳方』別称『惣頭』——潜伏組織の最高責任者です。集落で一人が選挙で選ばれます。組織のメンバーの名簿や規則を記した「御帳」を管理・保管したので、「帳方」と呼ばれていました。帳方は「日繰り」（外海・五島での呼称は「バスチャン暦」）と呼ばれる教会暦や宗教書を保持し、教会暦に基づいて毎年の「祝日」や「教会行事」を算出して決め、祝日、教理、教会暦、祈り（オラショ）、葬儀の作法などを忘れないように教え、伝えました。また「帳方」は、これらの指導事項を「水方」に伝えるという役割も負っていました。こうした信仰共同体の組織に基づいて取りしきる指導者たちを、信徒は信仰生活のよりどころとしました。「帳方」には、世襲制あるいは輪番制をとっていた地域もありま

した。

(2)『水方』別称『触頭』——カトリック教会の典礼暦に基づいて、「洗礼」や「葬儀」などの宗教儀式を行います。宣教師が不在の場合、潜伏キリシタンの信仰組織においては、入信の儀式である「洗礼」を授ける役目が「水方」にありました。「授け役」とも言われました。洗礼のときに「水」を使用するため、「水方」と呼ばれました。カトリックでは聖職者でなくても洗礼を授けることができるので、禁教令の前後には「水方」の役割に関して聖職者から指導されました。集落ごとに一人が「水方」として在職し、世襲制をとっていました。また「水方」は、帳方からの伝達事項を「聞役」に伝えるという役目もありました。

★外海地方では、「水方」は「帳方」と兼任することがあります。平戸や生月地方では「水の役」、または「オヤジ様」などとも言われました（➡付記(2)キリシタン用語「洗礼」）。

(3)『聞役』——「帳方」からの伝達事項をよく聞き、各戸の信徒へ連絡する役職です。そのため「聞役」は、全戸のキリシタンの生活をよく把握していました。また「聞役」は「水方」が洗礼を授ける時の立会人でもあり、洗礼が正しく行われたかを聞く役目がありました。言わば「水方」の助手役です。

★長崎で「帳方」の家に集まって、その週の祝日を聞いて帰り、各戸の信徒に触れ回る任務をもっていましたので、「触役」とも呼ばれました。

★「日繰り」（バスチャン暦）とは、江戸時代の1634（寛永11）年に徳川第3代将軍・家光の頃に活動した日本人伝道師バスチャンが、「教会暦（グレゴリオ暦）」をこの頃主流だった「太陽暦」に改編したものです。外海地域のキリシタンの指導者であり、バスチャンの師でもあったサンジュアン神父の指導で作成しました。バスチャンが殉教する前に、各地の潜伏キリシタンに伝えたと言われます。「バスチャン暦」は、春の彼岸の中日（陰暦2月26日）を「サンタ・マリアの御告げの祝日」（大天使ガブリエルが聖マリアにキリスト

受胎を告げた日）とし、これを起点に「ナタラ（クリスマス）」、「四旬節」、「謝肉祭」、「イースター（復活祭）」などの祝日を算出したものです。キリストの生涯に関する祭日と典礼を年間で配分した典礼暦で、一年を通じて信仰心を高揚させるように作成されています。この「バスチャン暦」は、長い潜伏生活の中で信仰を保っていくための指標となりました。この教会暦にある「祝日」は、水方から聞役へ、聞役からキリシタンの各家庭へと伝わり、それに従ってひそかに、教会行事や祈り（オラショ）が行われました。この「バスチャンの日繰り」は、キリシタンたちが長い潜伏期間、信仰生活を守り伝えることができた大きな原動力になりました。

⑤外海の出津集落 【所在地】長崎県長崎市西出津町

✝ 出津集落

　外海は西彼杵半島における西部の角力灘に面した地域のことで、内海は東部の大村湾に面した地域です。同じ半島とはいえ、急峻な山々が東シナ海の荒海にそのまま突っ込む外海と大村湾の穏やかな波間に溶け込む内海とでは、その地勢は対照的です。長崎市の中心から見ると、外海地域は文字どおり外の海に面しています。1955（昭和30）年に外海村になり、1960（昭和35）年には町制が敷かれ、2005（平成17）年には長崎市に編入されました。

　外海の出津集落は、西彼杵半島の西部を占める丘陵地です。その歴史は古く、出津川河口の海岸には縄文時代・弥生時代の出津遺跡があります。一帯はリアス式海岸のため陸路での接近は困難で、潜伏キリシタンが隠れて居住するのに適した地の利でした。外海は言わずと知れた、「潜伏キリシタンの里」です。遠藤周作の小説『沈黙』の舞台「トモギ村」のモデルになった有名な場所です。また後述しますが、1879（明治12）年に主任司祭として外海地域に赴任したフランス人宣教師マルコ・ド・ロ神父によって開拓された地域としてもよく知られています。

　外海地域はその地形上、潜伏キリシタンがひそかに信仰を守るには格好の場所でした。外海地区は山がそのまま海に落ちていく地形なので、平地が極端に少ないため、米作には不向きでした。住民は山を切り開いた斜面に石垣を築いて段々畑（棚田）を作り、主としてサツマイモと麦を植えて暮らしを立てていました。港がないので、漁業も発達しなかったのです。住民は経済的に苦しかったため、精神的なものに依存するようになり、「死後はパライソ（天国）に行ける」と説くキリスト教への憧れが強くありました。

　戦国時代には、外海も内海も大村純忠（1533-87）によって統治されていた旧大村領でした。1563（永禄6）年、大村純忠は受洗し、日本初のキリシタン大名となりました。純忠はキリスト教を保護し、家臣だけでなく領民の多

くも入信し、キリシタンになりました。1570(元亀元)年、純忠はポルトガルとの貿易港として長崎に港を開き、後にイエズス会に寄進しました。この頃から外海地域に宣教師が訪れ、宣教を始めました。

1571(元亀2)年、日本宣教区の責任者であったイエズス会宣教師フランシスコ・カブラル神父(1533-1609)の宣教活動によって外海地方にキリスト教が伝わり、外海北部の神浦地区の領主が洗礼を受けました。その後、庄屋をはじめとして多くの村民が洗礼を受けました。住民の6割近く(約5,000人)がキリシタンと言われました。さらに1592(文禄元)年には、神浦に宣教師のための住宅やイエズス会の司祭館が建てられました。宣教活動は順調でしたので、外海地方は「潜伏キリシタンの里」とも呼ばれていました。

当時の外海地区には大村藩と佐賀藩が混在し、大村領内には佐賀藩領の小さな飛び地(行政上は主地域に所属するが、土地の一部が離れて、他の地域に飛んでいること)六カ村が散在している地域がありました。その周辺に点在する大村藩領の数カ村が、「潜伏集落」として含まれていました。この地は周囲から隔絶された僻地のゆえに、キリシタン弾圧の手が及びにくく、監視の目も届かなかったため、領民は信仰を守り続けることができました。佐賀藩の領内は比較的キリスト教に寛容で、地元の役人や庄屋もキリシタンでした。慶応年間(1865-68)における佐賀藩内の出津集落の住民は、ほとんど全員がキリシタンでした。

1582(天正10)年の時点では、日本のキリシタン総数は約15万人、大村領のキリシタンは約6万人です。したがって大村領だけで全国総数の4割を占めていました。

1614(慶長19)年、全国にキリスト教の禁教令が出されると、大勢の潜伏キリシタンが比較的取り締まりが緩やかな外海の出津集落へと逃れてきました。そのため外海地域は人口が急増し、食料不足に陥りました。他方、五島列島は人口が少なく、開墾の余地がまだありました。そのため五島藩が荒れ地開拓のため、農民の移住を大村藩に要請しました。そこで、1797(寛政9)年に大村藩と五島藩は協定を結び、外海の住民たちは新天地を求めて五

島列島に移住することになりました。

　数年後、禁教策がさらに厳しくなると、外海地域の多くの潜伏キリシタン（約 3,000 人）は信仰を守るために五島列島の各地に移住、そのためキリシタン集落が形成されました。外海地方は、移住した先で「潜伏キリシタンの信仰組織」が組織された基点となった場所です。

✝ 潜伏キリシタンの聖画像と墓地

　1614（慶長 19）年、江戸幕府は禁教令を発布しました。1637（寛永 14）年に勃発した「島原の乱」から 20 年後の 1657（明暦 3）年、大村領内において厳しい弾圧と処刑がありました。宣教師たちはひそかに信徒の霊的世話をしていましたが、次々と捕らえられて処刑されました。1635（寛永 12）年には、山中に宣教師が隠れているという密告があり、長崎奉行は四藩（大村・平戸・島原・佐賀）に命じて大規模な山狩りを行いました。捕らえられた宣教師は全員、処刑されました。1657（明暦 3）年には約 600 人の潜伏キリシタンが摘発されましたが、数が多いため、五カ所（大村・長崎・平戸・島原・佐賀）に分かれて取り調べが行われました。そして約 400 人が斬首されました（郡崩れ）。その後、寺請制度、五人組制度、絵踏といった取り締まりが強化され、弾圧はさらに一層厳しくなりました。キリシタンたちは取り締まりの目を逃れるため各地に潜伏し、隠れて信仰を守るようになりました。「郡崩れ」に関する史跡は今も多数、残存しています。

　出津集落の潜伏キリシタンは、表向きは仏教寺院に属しながら、信仰共同体の指導者を中心に父祖伝来の信仰を保っていました。宣教師不在の中、指導者たちは宣教師を代行し、集落内の洗礼や葬儀といったような儀式を指導者の家で行っていました。

　潜伏キリシタン集落の屋敷内には、16 世紀頃にヨーロッパから伝わった聖母マリアや聖人の聖画像などが隠されていました。信徒は信仰の証しとして、聖画像の前でひそかに祈りをささげていました。特に有名なものに、「雪のサンタ・マリア」の絵画や「無原罪の聖母像」のプラケット（浮き彫り小金属

板）などがあります。聖母マリアを浮き彫りにした青銅製の大型メダルは、外海地区の主任司祭であったド・ロ神父（後述）によって保管されていました。

　現在、外海地域も過疎化が進み、家屋の解体や改築などを行うと、十字架をはじめとするキリシタンの信仰の証しである信心具が、屋根裏や壁の中から発見されています。中には国の重要文化財になっている遺物もあり、資料的な価値も非常に高いものです。潜伏キリシタンは、禁教以前に編纂された公教要理書を学びながら信仰への理解を一層深めていました。またオラショ（祈り）の言葉を口伝えで伝承し、毎日静かに、低い声で祈っていました。

　江戸時代、寺請制度があった頃の1688（元禄元）年、「天福寺」という禅寺（曹洞宗）が佐賀藩によって設置されました。佐賀藩・深堀領の飛び地であった外海の出津集落のほとんどが、この天福寺に所属していました。天福寺は彼らを潜伏キリシタンと知りながら檀家として受け入れ、擁護しました。天福寺は外海地域におけるキリシタンの歴史の上で、重要な役割を果たした仏教寺院です。天福寺は潜伏キリシタンをかばい続け、奉行所の役人の取り調べの際にも、「うちの寺にはキリシタンはいない」と言い放ったと言われています。本堂の「ご本尊」（釈迦牟尼仏）、そして本尊をお守りする「脇侍」には「マリア観音像」が安置されていました。木造で高さ50cmほどのマリア観音像（勢至観音像）は1856（安政3）年、「浦上三番崩れ」の時、没収されないように浦上のキリシタンが天福寺に預けたと言われています。禁制時代には佐賀藩の飛び地であり、大村藩に比べて取り締まりは緩やかでした。現在、寺院には、隠れキリシタンがひそかに保持していた十字架やメダイ、ロザリオ、オラショ本（祈とう書）などが展示されています。今も健在の外海地区のお年寄りたちは、「潜伏時代、天福寺さんにはすっかりお世話になりました。迫害を受けずに信仰を守ることができました」と感謝しています。1979（昭和54）年、天福寺の本堂を建て替える時には、お寺の檀家だけでなく大勢のカトリック信徒たちがその折のお礼として寄付金を集めて寄進しました。

　外海地区には日本でも珍しい、キリシタン神社と言われる「枯松神社」があります。枯松神社は、キリシタン弾圧の中で神社としてカムフラージュしな

がら、信仰の対象となる日本人伝道師バスチャンの師であるサンジュアン神父を祀っている場所です。拝殿の石の祠には、「サンジュアン枯松神社」と刻まれています。サンジュアン神父は厳しい禁教時代のキリシタン弾圧の中で、外海地方の潜伏キリシタンたちに迫害にくじけない勇気と希望を与えた外国人宣教師です。バスチャンに「日繰り」（90ページ）の繰り方を伝授した神父です。

　枯松神社に登る参道には、大人が数人隠れるほどの大きな岩があります。「祈りの岩」と呼ばれ、禁教時代、潜伏キリシタンがひそかに集まり、オラショ（祈り）を唱えていた聖地です。年に一度の復活祭の夜には、この巨岩の下に集まり、見張りを立ててオラショ（祈り）を唱える練習をした場所でもあります。人里離れたこの場所で、指導者が口伝えで教えていました。現在も「枯松神社祭」が毎年11月3日に開催され、潜伏時代にキリシタンが年に一度、「祈りの岩」に集まって祈っていたことを記念して先祖への感謝をささげています。この祭事には、カトリック教会の司祭による「慰霊ミサ」や天福寺の住職による「講演」、旧キリシタンの人々による「オラショ（祈り）奉納」が執り行われます。

　枯松神社の周辺には、潜伏キリシタンの墓地があります。一見すると仏教徒の墓地と区別がつきにくいです。しかし仏教徒の墓には、座った姿勢で遺体を納める棺（座棺）が埋葬され、一方、潜伏キリシタンの墓には頭を南に向け、膝を曲げて寝かせる「寝棺」が埋葬されていました。墓地は宗派別のコミュニティーごとに造られていました。こうした情報は近年、「野中墓地」で発見された人骨の調査によって判明しました。

　また別な場所にも、お墓があります。お墓と言っても現在見られるような石塔ではなく、そのほとんどが潜伏キリシタンを埋葬したと見られる、小さな岩片を積み上げた、長方形をした「石積みの墓」です。あるいは、ただ石を置いただけの墓が雑草の中に点々と並んでいます。潜伏キリシタンが墓地にお参りをする時、平たい石の上に数個散在している白い小石を、十字架状に並べます。そして祖先への祈りをささげ終わると、キリシタンであると悟られない

ように、十字架状の小石を元の状態にばらします。現代の人々にとっては、想像を絶する祈り方です。

✝ 出津教会堂と出津救助院

1865（元治2）年2月、大浦天主堂での「信徒発見」の知らせを聞いたとき、各地に点在していた潜伏キリシタンの指導者は、大浦天主堂の宣教師にひそかに会いに行きました。出津集落の指導者2人も大浦天主堂を訪れ、自分たちの信仰を告白し、1,500人ほどの信徒がいると告げました。彼らは大浦天主堂の宣教師を出津集落に招きました。

同年の9月13日から二日間にわたり、大浦天主堂のプティジャン神父は闇夜に紛れて舟で出津集落をひそかに訪れ、多くの潜伏キリシタン（約30人）と面会しました。彼らは待ち焦がれていた神父との出会いに感激しました。そして信徒たちは、神と隣人に対して犯した罪のゆるしを神父から受けました。この「ゆるしの秘跡」によって、受洗後の罪から解放されるのです。その後、プティジャン神父は神を称えるオラショ（祈り）を信徒たちと一緒に唱えました。こうして多くの潜伏キリシタンは、段階的にカトリック教会へと復帰しました。しかしカトリック教会に復帰せず、潜伏時代の信仰形態をそのまま守り続ける「隠れキリシタン」の人々もいました。

1880（明治13）年の『パリ外国宣教会年次報告』では、外海の「復帰したカトリック信徒」約3,000人に対して、「隠れキリシタン」は約5,000人いました。その後、カトリック教会に復帰した信徒の数は徐々に増え、両者の人数はほぼ同じになりました。現在では、隠れキリシタンの多くがカトリックまたは仏教に改宗しています。

1873（明治6）年にキリスト教が解禁されると、カトリックに復帰した潜伏キリシタンは、かつて禁教時代に拝んでいた聖画像が保存されていたキリシタン屋敷の隣に、ペルー神父（1848-1918）の指導の下で「仮聖堂」を建てました。1876（明治9）年からは、ペルー神父がこの仮聖堂を拠点にして宣教活動を行いました。

　1868（明治元）年、パリ外国宣教会のマルコ・ド・ロ神父（1840-1940）が長崎に到着し、プティジャン神父の要請で、大浦天主堂の近くで印刷出版事業や医療救護活動などに従事しました。1879（明治12）年にド・ロ神父は、潜伏キリシタンが多くいる外海地区の出津と黒崎地区に主任司祭として集落に赴任します。当時、この地域には 3,000 人近くの信徒がいました。

　出津教会堂の掲示板には、およそ次のような趣旨の説明があります。

　教会は幾度となく拡張され、また修復されました。1882（明治15）年の1期工事にはド・ロ神父の設計施工によって、「出津教会堂」が宣教活動の拠点として神父の私財を投じて建設されました。翌年には献堂式が行われました。教会堂は、出津集落と海を見下ろす風の強い斜面の高台の上に建ち、出津のどの方角からでも見ることができました。当時の教会堂は、外壁はれんが造りで、れんがの表面を漆喰で塗っています。堂内は木造で、その中央部には、わずかに膨らんだ三廊式の平らな天井があります。教会堂の内部はとても簡素ですが、非常に厳粛なムードが漂っています。建設にあたっては、山林から切り出した木材や船に積んできたれんがの運搬作業などに、地元の信徒たちも大いに協力しました。

　1891（明治24）年の2期工事では、聖堂前方の祭壇部を増築し、その部分を約 1.5 倍の長さに広げ、上部に十字架をいただく小塔を建てました。屋根は祭壇部が切妻造り、玄関部は寄棟造りです。

　1909（明治42）年の3期工事では、現在の「出津教会堂」（長さ 37 m、奥行き 11 m）に増改築され、教会堂の前後に二つの鐘塔が建ちました。正面玄関部は鉄骨造りに改築、周囲はれんがで囲んでいます。鐘楼にはド・ロ神父がフランスから取り寄せた鐘がつるされ、塔上には「聖母マリアの立像」が置かれました。聖母像は周囲の木々の緑や石垣とあいまって、美しい一幅の絵のような風景を呈しています。鐘楼は第二次世界大戦中、金属類回収令のために軍に供出させられたため、現在はありません。教会堂の外壁はモルタル塗装で、屋根は強風に飛ばされないよう漆喰で固定された切妻造りです。教会堂の入り口は洋風の石造りで、屋根はどっしりとした重みを感じ

させる、和風の瓦ぶきです。平屋建てにある白と黒のバランスのよい屋根は、東シナ海から吹きつける強風による損傷を防ぐため低くなっています。聖堂内部の天井は三廊式です。1997（平成9）年には大規模な修復が施され、現在の形の教会堂に整えられました。

　ド・ロ神父は「教会」建設だけではなく、「慈善事業」にも尽力しました。禁教令の解禁後、ド・ロ神父は禁教中に絵踏が行われていた代官所や庄屋屋敷の敷地を購入し、1883（明治16）年に村民の貧しい生活環境を改善するため、特に弱い立場に置かれていた女性や子どもたちの自立支援のための授産施設として、「**出津救助院**」を教会堂に隣接して設立しました。1階は授産所で、綿織物の製糸から製織、染色、そうめんやパンの製造、醤油などの醸造が行われました。2階は修道院と聖堂です。1899（明治32）年には、教会堂に隣接して日本初となるフランスパンの工房、マカロニや麺類の工場などを作りました。こうしたド・ロ神父の幅広い活動は、長崎の居留地に在住する外国人だけでなく、村民にも大変喜ばれました。またフランスから織物用の機械を輸入し、織物や織布などでさまざまな製品（特に手ぬぐいやシーツなど）が作れるように指導し、そこで働く女性の収入の道を開き、生きる力をつけさせたのです。また出津救助院に薬局と診療所を設け、ドイツやイギリスから最新の医療器具や医薬品を取り寄せました。ド・ロ神父は35年もの間、キリスト教信仰に基づく深い人類愛をもって外海住民のために貢献し、その生涯の全てをささげ終えて1914（大正3）年、大浦天主堂にて帰天しました。その遺体は出津集落に移送され、自らが作った共同墓地に静かに眠っています。

　出津集落の信徒が、次のような心境を漏らしています。「出津教会堂や慈善関連施設が世界遺産になりました。ともすると、建物にばかり目が止まりがちですが、ド・ロ神父さまが残してくれた自立と慈愛の精神こそが何よりの遺産だと感謝しています」。

　現在、この一帯には出津教会堂、旧出津救助院、ド・ロ神父記念館（漁業の振興のための旧鰯網工場）、外海歴史民族資料館などが点在し、宣教と

貧困救済のため、教会堂を中心にして築かれた「出津文化村」となっています。

　出津町は長い迫害が終わり、穏やかな「祈りの里」になりました。この町は、多くの聖職者を輩出しています。カトリック教会でローマ教皇に次ぐ地位にある枢機卿二人（田口芳五郎　1902-78と、里脇浅次郎　1904-96）は、ともにこの出津の出身です。

◆「出津教会堂」は 1972（昭和47）年、長崎県の「有形文化財」に指定されました。

◆「旧出津救助院」は 2003（平成15）年、国の「重要文化財」に指定されました。

◆「出津教会堂」は 2011（平成23）年、国の「重要文化財」に指定されました。

◆「長崎市外海の石積集落景観」は 2012（平成24）年、国の「重要文化的景観」として選定されました。結晶片岩という平たい多種多様な石を積み上げた建造物、石垣、家屋、石塀が織りなす、美しい景観が見られます。

出津 教 会堂

出津 救 助院

コラム（5）　なぜ、キリシタンが増えたのか

　17世紀初頭には日本のキリスト教徒の数は約40万人にも達し、長崎市でも約4万人を数えたと言われました。1579年、イエズス会宣教師アレッサンドロ・ヴァリニャーノが長崎へ赴任し、各宣教地を精力的に巡察しました。神父の報告書には、「日本人は領主の命令によってキリスト教に改宗したのである」と記されています。キリシタン大名の政治的な圧力による改宗政策に従って、大多数の領民が改宗したという一面は確かにあります。しかしながら、明智光秀の娘で細川忠興の正室「**細川ガラシャ夫人**」（1563-1600）のように、自分の意志で受洗するキリシタンが数多くいたこともまた事実です。彼女はキリシタン大名・高山右近のキリシタンとしての生き方に関する話を聞き、キリスト教の教えに心を引かれて入信しました。

　キリシタン大名などのようなインテリ層の人たちは、多少なりともキリスト教の教義を理解することができたでしょう。しかし貧しい村民たちにとってキリスト教の教義を理解することは、困難であったに違いないのです。しばし立ち止まって、村民たちの声によく耳を傾けるなら、「**なぜ、キリシタンが増えたのか**」を理解することができます。

　多くの宣教師たちは自国を捨て、命を捨てる覚悟で日本へ来ました。そして宣教師たちが、名もない貧しく虐げられた村民である自分たちのために全てを投げ打って働いている姿を目の当たりにしていました。貧しい自分たちと同じような衣食住で満足しながら、ひたすら神に祈り、貧富の分け隔てなく人々に接するその姿を見て、人々は感動の心をもってキリスト教を受け入れたのです。アルメイダ神父は、「育児院」と日本初の「総合病院」を、そしてド・ロ神父は孤児や捨て子、貧困に苦しむ人たちのための「社会福祉事業」、特に女性のための「**出津女子救助院**」

を開設しました。こうした「無私」の隣人愛の実践に接し、人々は当時の日本の宗教に欠けていたものを「キリスト教の神」に求めたのです。

特に毎日毎日、病気の患者の家まで薬箱を提げて通うド・ロ神父の姿は、村民の心に強く焼きついていました。ヴァリニャーノ神父はセミナリヨ（小神学校）とコレジオ（大神学校）などといった、近代的な教育機関を設置しています。神父たちは単に教会を建設してキリスト教の宣教をするだけでなく、医療施設や教育機関、そして地元の産業を興してくれたのです。宣教師たちにとって「キリスト教を広める」ことは大事でしたが、それに劣らず、神父たちは「恵まれない人に手をさしのべる」ことを優先しました。村民たちは、目に見えない「観念的な神」にすがるというより、目の前で行われている宣教師たちの救貧活動や医療活動といった「隣人愛の行動」に心を打たれてキリシタンへの道を選びました。

生涯独身を通しながら、日本人のために命懸けでその一生をささげている宣教師たちの崇高な姿を見ていた村民の言葉を聞いてみましょう。心してその言葉に、耳を傾けてみましょう。

「宣教師や教会の人たちに出会えて、ほんとうによかった。私たちは初めて大切にされました。わたしも神さまの子どもになりたい」。

こうして、ザビエルによって始められた小さな教会は、信徒たちの間に大きく広がっていったのです。

⑥外海の大野集落 【所在地】長崎県長崎市大野町2691

✝ 大野集落

　外海の大野集落は、西彼杵半島の西岸にある外海地域にあり、出津集落から約3kmの位置にあります。東にそびえる大野岳（352m）の山肌に民家、教会、神社などが点在する静かな集落です。

　大野集落は、大村藩に属する神浦地区の一部です。18世紀の末頃には、五島藩と大村藩の協定により、大野集落の村民は新地開村のため五島列島へ移住しました。

　出津集落（➡⑤外海の出津集落）と同様に1571（元亀2）年、イエズス会宣教師カブラル神父によって大野集落の一帯にキリスト教が伝わりました。村民は西彼杵地区の大村領を支配していたキリシタン大名の大村純忠に庇護され、出津集落で大勢の人が受洗したように大野集落の多くの者もキリシタンになりました。大野集落の宣教も出津集落と同様に、始めは順調でした。領主の神浦正信とその一族が受洗しました。

　1599（慶長4）年に春日集落のキリシタン領主、籠手田氏が追放されます。その後、籠手田一族、そして600人の家臣が平戸領主・松浦氏の弾圧によって、平戸から長崎の大野集落に逃れました（➡②春日集落）。大野地区の潜伏キリシタンは、籠手田一党の末裔だと言われています。また、関ヶ原の戦いで斬首されたキリシタン大名・小西行長の死後に移り住んだ家来の子孫とも言われています。

✝ 大野神社・門神社・辻神社

　1614（慶長19）年、全国に禁教令が出され、大村藩にもキリシタン弾圧が行われました。集落内には3カ所の神社（大野神社・門神社・辻神社）がありました。キリシタンの庄屋が神主を務め、潜伏キリシタンは神社の氏子として振る舞いながら、神社をキリスト教の「祈りの場」として信仰を保って

いました。潜伏キリシタンは神社に自分たちの信じる神をひそかに祀り、神道の信徒と共に礼拝の場を共存させていたのです。

神道の信徒である村民が、「大野教会堂（後述）が建てられた頃、クリスマスになると教会に行っては、カトリックの信者さんたちと一緒に、よくお祝いをしました」と述懐しています。異なる宗教が穏やかに共存していました。

2018（平成30）年世界文化遺産に登録された「大野集落」を紹介する記事の中には、「神社にひそかに祀った自ら信仰対象を拝むことによって信仰を実践した集落」と記されています。

「大野神社」は、大野集落の南端にあります。大野神社は、江戸初期の1671（寛文11）年に再興された地域の村社です。大野神社は先に挙げた3つの神社の中では最も社格が高く、集落全体の守り神として崇拝されていました。庄屋が長年にわたり宮司を務め、集落民の大多数（3分の2）はその氏子でした。そのため潜伏キリシタンは、神社の氏子であるかのように装ってひそかに信仰を守っていました。

小さな門神社と辻神社は、潜伏キリシタンたちの「信仰の場」として崇敬されていました。潜伏キリシタンはカトリック信仰の対象を「祭神」としてひそかに祀り、祈りをささげることによって自分たちの信仰生活を実践していました。

「門神社」は、大野集落の南西にあります。地元民の話では、海難事故に遭った人々を祀ってあるようです。一見すると普通の神社ですが、潜伏キリシタンは、その同じ神社にひそかに信仰の対象を祀っていました。彼らは氏子を装いながら、信仰を保持していました。門神社には、1637（寛永14）年に起きた「島原・天草一揆」（島原の乱）で逃れたキリシタン武士（「サンジュアン様」と呼ばれる本田敏光様）が祀られていると言われています。その他、「山の神」、または土地の神々が多数合祀されています。

「辻神社」は、大野集落東部の高台にあります。うっそうとした森に祠があり、潜伏キリシタンがひそかに祈る場としていました。「山の神」を祀る辻

神社から山域に向かう傾斜面に、潜伏キリシタンの墓地があります。現在も墓地には、埋葬用のがれきの石を積み重ねて造られた13基の墓（積石墓）が残存します。

✝ 大野教会堂

　1865（慶応元）年の「信徒発見」後、大野集落の潜伏キリシタンの指導者たちは宣教師と接触する機会を得ました。多数の村民が受洗してカトリック教会に復帰しました。

　1879（明治12）年にド・ロ神父（1840-1914）が外海地区の主任司祭として赴任し、当地における宣教と福祉に多大な貢献をしました。当初、大野集落のカトリック信者は大野集落から北へ約4km離れた、出津集落の「**出津教会堂**」まで通っていました。しかし受洗者が200人を越えて増えてきたので、1893（明治26）年に出津教会堂の巡回教会として、ド・ロ神父の設計と指導の下で「**大野教会堂**」が建設されました。建物は北側の教会堂と南側の司祭館からなっています。大野教会堂は神浦・大野地区の高齢の信徒のためだけでなく、遠方の出津教会堂に通えない信徒のためにも建てられました。大野教会堂は、角力灘を見渡す大野岳の九十九折りの小道を登った山の中腹にあります。司祭が大野教会堂に常駐できなかったので、出津教会堂から定期的に司祭が大野教会堂を巡回し、2つの教会を兼務で司牧していました。大野教会堂は、ド・ロ神父の私財と信徒の献金で建設されました。出津教会堂が多方面から見やすい地点に広々と建っているのに対して、大野教会堂は生い茂った森林地帯の中にあり、静かな佇まいを見せています。大野教会堂は、周囲の緑に溶け込むようにして建っています。1926（昭和元）年には司祭館が増築されました。

　大野教会堂は石と木で造られた、平屋建ての民家のような素朴な建築です。その特徴は、大野岳から産出される玄武岩の切石を用い、石を固めるために赤土や砂、石灰や藁を混ぜて造られたユニークな様式の石壁（40〜50cmの厚い壁）です。ド・ロ神父の名をもじって、通称「**ド・ロ壁**」と呼ばれてい

ます。耐久性に富むこの壁は、外海地区の塩分を含む強風に持ちこたえるためにも使用されています。石積みは、江戸時代より外海地域の家屋で伝統的に使用されていました。この地方に伝わる伝統的な民家建築の技術を基本としつつ、西洋技術を取り入れた独特な教会建築で、地域の信仰組織を象徴しています。窓は上半分が、アーチ状をしたれんが造りです。内部は板張りで、列柱のない単廊式です。外装は素朴な瓦ぶき屋根を敷いた小屋組みの構造ですが、内装は簡素な平面の和式天井です。外観よりも実用を重視しました。2002（平成14）年から2005（平成17）年にかけて、保存修理が行われました。

　外観がこぢんまりして地味であるために、かえって静寂で神聖な雰囲気を醸し出しています。ド・ロ神父の精神を伝える石造りの小さな聖堂の前庭には、白亜の「マリア像」（「ロザリオの聖母」）が静かに立っています。このマリア像のもとにはいつも季節の花が添えられていて、地元の方々のぬくもりを感じます。教会の庭からは角力灘に浮かぶ池島が、そして晴天の日には五島列島の島影を見渡すことができます。近くには1884（明治17）年から野原を開拓して農園を切り開いたときの「ド・ロ神父太平作業場」（市指定史跡）があります。この周辺の開拓地は「ドロさまの畑」とも呼ばれ、信徒たちの生活支援のため種々に工夫されたことがしのばれます。

　大野教会堂の信徒数も年々減少し、時とともに村民の大半は仏教徒に改宗しました。大野集落に残留するキリスト教の家族も少なくなり、そのため大野教会堂は通常の状況では教会として使用されなくなりました。それに代わって信徒たちは、出津教会堂のミサにあずかっていました。このため現在は年に一度（10月第1日曜日）だけ、大野教会堂でミサがささげられています。1993（平成5）年9月5日には、出津教会堂の信徒一同で「大野教会百周年祈念碑」を建立しています。

◆「大野教会堂」は2008（平成20）年、国の「重要文化財」に指定されました。
◆「長崎市外海の石積集落景観」は2012（平成24）年と2018（平成30）年（追加選定）、国の「重要文化的景観」に選定されました。

大野 教 会堂

コラム（6）　寺請制度とは

　寺請制度とは「禁制とされた 宗 派の信徒でないこと」を、仏 教 寺院の僧侶が各戸ごとに 証 明する制度のことです。1612 年、徳川幕府はキリシタン禁制を発布しました。その後 1630 年、幕府はキリスト 教 を根絶するため、人々は必ずどこかの寺院に所属し、その寺の檀家となることを義務づける制度を設けました（寺請制度）。1635 年には棄 教 したキリシタン以外の全 住 民が、「檀家」となることを義務づけられました（檀家制度）。1640 年代から 50 年代にかけて、都市部に散在していた潜伏キリシタンが多数摘発されました。そして 1660 年代には、全国的に「宗 門 改 制度」が確立します。この制度はキリシタンを摘発するため、1 万石以上 の大名に「宗 門 改 役」の設置を義務づけることです。この制度の

下で、すべての領民、あらゆる階級の人が檀家寺に所属するようになりました。1671年には全国に領民1軒ずつの「宗門人別改帳」の作成が命じられ、信教の自由は完全に失われました。どの寺院にも、仏教門徒の名前をすべて登録した「宗門人別帳」を作成・保管するよう義務づけられたのです。

　織田信長や豊臣秀吉の時代に起きた「一向一揆」などの苦い経験から、徳川幕府は宗門改めを行い、「仏教」を寺社奉行の監督下に置きました。棄教したキリシタンは仏教徒に改宗させられ、キリシタンでないことを保証させる「寺請証文」を出させました。住民は寺請証文を常に保持し、正式に地元の寺院の檀家になることが義務づけられました。出産、婚姻、離婚、死亡、また移住や旅行などの際には、この寺請証文を提示しなければなりませんでした。

　毎年正月ごろになると、定期的な取り調べが庄屋（村長）の家で実施されました。領民の中には、やむを得ず表向きだけは改宗して仏教徒を装いながら、隠れてキリスト教の信仰を保持し続ける潜伏キリシタンもいました。その後、幕末の排仏論、そして明治維新後の1873年にキリスト教禁制が解除され、「信教の自由」が認められたとき、「宗門改制度」は廃止されました。

⑦黒島の集落　【所在地】長崎県佐世保市黒島町 3333

✠ 黒島

　黒島は、九州北西部の佐世保市から西方へ約 10 km 離れた海上に浮かぶ、小さな島（周囲約 12 km）です。全島が佐世保市に属しています。大小約 200 の島嶼群「九十九島」の中では最大の面積を有し、西海国立公園に指定されている名勝です。豊かな自然に恵まれ、島の樹木が茂って黒く見えることから、「黒島」と言われています。

　ちなみに「黒島」と呼称される由来ですが、この島にキリシタンが多数住んでいたため「クルス島」（クルス［cruz］はポルトガル語で「十字架」の意）と言われ、これがなまって「クロ島」になったという伝説があります。いずれにせよ、敬虔なキリシタンが多数居住していることで知られ、「信仰の島」とも呼ばれています。現在でも全島民約 500 人のうち、8 割近くがキリスト教徒です。

　黒島は、江戸時代初期には平戸藩の牧馬場で、森や草原が入り混じった中に、わずかに流罪人が住んでいました。また海賊の本拠地にもなっていました。1803（享和 3）年に放牧地を撤廃し、黒島開拓のため他藩からの入植を認可しました。その頃に、外海地域からの潜伏キリシタンが入植し、彼らは牧馬場跡の再開発地となっていた場所で独自のキリスト教信仰を維持しました。

　16 世紀頃に宣教師が来日しますが、それまで黒島集落には直接にキリスト教の宣教はありませんでした。江戸時代、黒島を統治していた平戸藩は、禁教期にもかかわらずキリシタンに対しては比較的寛容でした。そのため、江戸時代後期の 1780 年頃には、幕府の禁教政策による弾圧を逃れて外海、生月、五島などの各地から、新天地を求めて黒島に移住するキリシタンが大勢いました。

　19 世紀中頃、平戸藩が牧場の跡地を再開発するために開拓を誘致しまし

た。その結果、島内に7つの集落（古里、東堂平、日数、名切、根谷、田代、蕨）が新しく形成されました。そのうち古里集落を除く6集落は、事実上、潜伏キリシタンの集落でした。移住した人々は、海岸に近い傾斜地に家屋を建て、牧場の跡地を開墾しながら生活を営み、禁教令の下で幕府の監視の目を逃れてひそかに信仰を守り続けました。島内では彼らは既存の社会や宗教と共存しながら、信仰を保っていました。中には禁教後に、この島に移住する者もいました。

禁教期の集落には、集落ごとに潜伏キリシタンの墓地がありました。禁教令の解禁後の1880年代になって、黒島天主堂の近くにカトリック信者の共同墓地が造られました。この墓地の特徴は、墓石に黒島特産の御影石で造られたユニークな十字架の模様があることです。マルマン神父（後述）や日本人神父たちは、このカトリック共同墓地に静かに眠っています。

黒島の西部の蕨集落には、仏教徒と潜伏キリシタンの墓地が混在しています。仏教様式の墓の正面は、西方浄土（阿弥陀仏のいる浄土）に向かって西向きに建てられています。しかし潜伏キリシタン様式の墓の多くは東向きになっており、没年が刻まれています。これは、仏教の墓と明確に区別するためだとも言われています。キリスト教では、「死者は最後の審判の後に復活する」と信じられています。

✝ 興禅寺とマリア観音

外海地域から黒島に移住する人口が増加したことに伴い、1803（享和3）年に移住者のため、島で最古の本村集落に「興禅寺」（曹洞宗）が創建されました。黒島に移住した潜伏キリシタンは、この興禅寺に所属し、表向きは檀家として振る舞いました。1961（昭和36）年に興禅寺が建て替えられたときに公表されたことですが、興禅寺の本堂には、本尊の阿弥陀如来像の下に「マリア観音」がひそかに安置されていました。寺院への参拝を装って、実際は聖母マリアに祈りをささげていたのです。彼らは神道や仏教のカムフラージュをして、十字架や聖母マリアの聖画、ロザリオなどの信心具をお守りと

して、いつも所持していました。

　黒島の本村集落には幕府の行政機関である庄屋屋敷があり、キリシタンの取り締まりが厳しい禁教期には、年に一回、「宗門改め」の際に「絵踏」（➡コラム（8））が行われていました。潜伏キリシタンは、キリシタンでないことを証しするためにキリスト像、またはマリア像のタブレットを心ならずも踏むことになりました。

　1902（明治35）年に建設された現在の「黒島天主堂」（後述）には、禁教期に行われていた「絵踏」の際に祖先がキリスト像を踏んだことに対する贖罪として、地元の信徒が今もなお、毎週金曜日に「贖罪の祈り」をささげています。

✚ 黒島天主堂

　1865（元治2）年に長崎・浦上村のキリシタンが大浦天主堂で信仰を表明した「信徒発見」から2カ月後、黒島の出口大吉親子をはじめとする黒島の信徒代表20人が長崎の大浦天主堂にプティジャン神父をひそかに訪ね、自分たちの信仰を示して、島には600人の信徒がいることを告白しました。神父らは黒島の信徒代表と話をするうちに、黒島における洗礼式の文言には誤りがあり、その行為は無効だと告げました。そして洗礼を授ける役職者（水方）に、正しい洗礼の授け方を教えました。当時司祭に代わって、出口大吉らが島内の信者に洗礼を授けていたのです。彼らは大浦天主堂でプティジャン神父と会って改めて教理の指導を受け、その後、洗礼を授かりました。洗礼を授ける資格を得た彼らはその後、黒島の正当信仰の復活に尽力しました。

　興禅寺の近くには「黒島神社」があり、禁教時代の黒島の村民は全員が神社の氏子でした。神社では毎年例祭があり、全員がこの行事に参加することになっていました。しかし1872（明治5）年には、本村と古里集落の村民だけがこの神社の例祭に参加しました。このことがあって、黒島の潜伏キリシタンがカトリック教会に復帰したということが判明しました。

　1873（明治6）年のキリスト教解禁後、黒島の大多数の潜伏キリシタンはカ

トリック教会に正式に復帰しました。現在も住民の8割がカトリック信徒だと言われています。黒島には敬虔な信徒が多いことで、「信仰の島」とも呼ばれています。

「黒島天主堂の由来」には3期の時代がありました。

第1期は、潜伏キリシタンで代々信仰組織の指導者を継承してきた出口大吉が大浦から戻ると、司祭に代わって洗礼の儀式を請け負いました。解禁前の1872（明治5）年には、黒島にひそかにプティジャン神父を招きました。神父は身分の発覚を避けるため変装して海を渡り、長崎から黒島に来ました。そして、仮聖堂で最初のミサがささげられました。

解禁後、潜伏キリシタンの指導者である出口家の屋敷は、「仮聖堂」として使用されました。仮聖堂は1879（明治12）年に初代「黒島教会」が建設されるまで、現在地に存続しました。その後、島内での宣教活動が活性化し、黒島は「潜伏キリシタンの島」からキリスト教徒が信仰を堂々と表明できる島へと変貌しました。この地には、黒島の聖地の一つとして出口家の跡地に「信仰復活之地」と刻まれた石碑が建てられました。

第2期は、1880（明治13）年にペルー神父（1848-1918）の設計で木造建築の初代「黒島天主堂」が、巡回教会として島の中央にある名切集落に建設されました。しかし教会は小さく狭かったので、信徒の増加に伴い、ミサでは参加信徒全員を収容することができませんでした。

第3期は1897（明治30）年、フランス人のマルマン神父（1849-1912）が黒島の司牧のため主任司祭として赴任した時です。神父は役務遂行のため、島の中央の高台に建つ堂々としたれんが造りの教会を設計しました。急増する信徒に対応するため、1900（明治33）年から1902（明治35）年までの2年をかけて、解体した初代黒島教会の跡地に華麗なロマネスク様式の現在（2代目）の「黒島天主堂」が新築されました。天主堂は瓦造りおよび木造切妻造り、瓦ぶきの三廊式バジリカ型です。設計はマルマン神父の指揮の下、長崎出身の大工・前山佐吉が建築を担当しました。この教会には、初代の天主堂で使われていた部材（主祭壇や聖体拝領台など）が、幾つか転用されていま

す。マルマン神父は建設費用を調達するため、友人や恩人から資金（約3億円）を準備するため、しばらくフランスに戻りました。そして再び黒島に戻ると、天主堂の建設に従事しました。信徒たちも食費を節約したり、また限られた資金の中で精いっぱいやりくりしました。黒島天主堂を建設するにあたっては、島内で焼かれた約40万個の赤れんがをはじめ、黒島特産の御影石や地元木材が使用されました。信徒たち自らが労力奉仕をし、骨身を惜しまず一つ一つの石を積み上げて造られました。天主堂を建設する際しては、大工、石工、左官、れんが職人の知恵と技術、そして献身的な信徒たちの労働の結集がありました。

　天主堂正面の屋根上には矩形の鐘塔を設け、その上に十字架を頂く角錐塔を置いています。正面の円形窓の上には漢字で、「天主堂」と書かれた扁額があります。聖堂内には昔は床面に170枚ほどの畳が敷かれていましたが、現在は一般的なフローリング（木造床）になっています。また天井やドアの模様は、高級感を出すため一枚一枚、手描きで木目をつけています。模様は一人ではなく大勢の人によって描かれており、各板は個性的です。まさに現代アートです。祭壇の近くにはマルマン神父自身が彫刻したユニークな木製の説教壇があります。説教壇はミサ中に司祭が福音書を朗読したり、説教したりするときに使用します。洗礼台もマルマン神父の手作りです。また珍しい木製のシャンデリア、それに素晴らしい木製のリブ・ヴォールト天井があり、コウモリが翼を広げている姿に似ていることから、「コウモリ天井」との愛称があります。この天主堂には神秘的な和洋折衷の建築要素がみなぎっています。黒島天主堂は長崎の他の教会に比べて、ヨーロッパの教会に近い風格があります。

　ロマネスク様式の天主堂の特色といえば、壁面に飾られた印象的なステンドグラス、また祭壇周辺の床一面に敷き詰められた有田焼の漆器タイル（約1800枚）や、黒島産の御影石などが使用されていることです。フランスから取り寄せた美しいステンドグラスから射し込む、やわらかい光に照らされた有田焼の漆器タイルの華麗な床は必見です。窓から光が射し込むと、まるで

万華鏡の中にいるようです。神秘的な色に染まる聖堂内は、和洋折衷の極意を見事に表現しています。このような静寂に囲まれた天主堂の神々しい光景を見ると、信徒でなくとも敬虔な気持ちになります。2018年から2020年にわたり、黒島天主堂の保存修理工事が実施されました。

国内でも珍しいれんが造りの天主堂は、大浦天主堂に次ぐ高さと面積を有します。天主堂が建設されたのは、まさにマルマン神父の誠実な人柄とリーダーシップ、そして信徒たちの献身的な協力の賜物です。マルマン神父は1912年（大正元年）に帰天するまで、15年間を黒島で過ごしました。キリスト教の宣教だけでなく西洋の学問や技術を伝えたマルマン神父の功績は多大なものでした。現在、神父は島内にあるカトリック共同墓地で静かに眠っています。

黒島天主堂は、今回登録された「世界文化遺産」の12構成資産の中で「大浦天主堂」に劣らず壮麗な天主堂かもしれません。黒島天主堂の現在の主任司祭が、次のような話をされています。

「黒島の集落が世界遺産に登録されたということは、壮麗な黒島天主堂の価値が認められたということではなく、もっと精神的なもの、黒島の人々の心が認められたということです。この小さな島で人々が守り続けてきた信仰のかたち、営みや暮らしそのものが、価値あるものとして認められたということです」。

◆「黒島天主堂」は1998（平成10）年、国の「重要文化財」として指定されました。

◆「佐世保市黒島の文化的景観」は2011（平成23）年、国の「重要文化的景観」として選定されました。

黒島天主堂

興禅寺のマリア観音
（佐世保市教育委員会提供）

コラム（7） マリア観音とは

　「マリア観音」とは、江戸時代の禁教令によって弾圧を受けていた潜伏キリシタンたちが、聖人崇敬の対象としていた「聖母マリアに擬した観音菩薩像」のことです。像の一部に、十字架を隠している例が多かったようです。キリシタンたちは寺院の本堂に「本尊」である阿弥陀如来像と共に、その「脇侍」として聖母マリアに見立てた「マリア観音像」をひそかに安置していました。寺院への参拝を装って、実際は聖母マリアにお祈りしていたのです。特に、禁教下、長崎県の外海地方や浦上地区、また、五島地方に潜伏するキリシタンは家の中に納戸神（衣服や道具などをしまう部屋に祀る神）として「マリア観音像」を安置し、ひそかに崇敬していました。罪、罰、裁きという心の葛藤の末にたどりつくのは「聖母マリア」でした。優しい母をイメージしながらマリアという名の観音様に、潜伏キリシタンの人々は何よりも親近感を覚えていました。観音像の多くは中国（福建省）で焼かれた仏像として長崎に渡来し、白磁や青磁など、その素材は多種多様です。

　ちなみに、平戸や生月ではマリア観音ではなく「御前様」と呼ばれていました。またそれはご像というより、「掛け軸」に仕立てたイエスを抱く「聖母マリアの掛け絵」でした。潜伏キリシタンたちは家に仏壇や神棚を置き、仏教や神道を隠れみのとして崇敬の対象としました。

　一説によれば、潜伏キリシタン時代、正しくキリスト教の教義を理解していない村民は、マリアを「神の母」というよりは優しく幼子を懐に懐く「慈母観音、女神様」として捉え、救いの神として崇めていたようです。

　作家・遠藤周作の小説を映画化した『沈黙―サイレンス―』の中で、潜伏キリシタンがサンタ・マリアの絵の前でひそかに祈りをささげる

シーンは印象的です。潜伏キリシタンは特に聖母マリアへの崇敬が強かったのです。「絵踏」を強要され、表向きだけだと自らに言い聞かせ、「キリストのご像」に足をかけます。しかしその後、絵踏の罪に苦悩する彼らが罪を悔いて祈るのは、厳しく罰する「裁きの神」ではなく、罪を赦して神にとりなしてくれる「優しい母・聖母マリア」です。

1865（慶応元）年の大浦天主堂の献堂式から数日後、プティジャン神父に向かって浦上の潜伏キリシタンたちが発した第一声は、「**サンタ・マリアのご像はどこ?**」(159ページ) でした。

★『(聖母) マリア』(the Virgin Mary)。イエス・キリストの母。新約聖書によれば、夫ヨセフと婚約中、処女マリアの前に大天使ガブリエルが現れ、マリアが聖霊によりキリストを懐妊することが告知されます。マリアはその告知を受託し、イエスを産みました（ルカ1・26-38、マタイ1・18-21）。レオナルド・ダ・ヴィンチが描いた傑作『受胎告知』（ウフィツィ美術館収蔵）は世界的に有名です。マリアは神ではなく、普通の人間です。「崇拝」の対象ではなく、「崇敬」の対象です。しかしカトリックの世界では「キリストの母」または「教会の母」として、人間の中では最高の位置を占めています。

★『観音』Kannon；Kwannon：the (Buddhist) Deity of Mercy；the (Buddhist Merciful) Deity Avalokiteshvara（梵語）.「観世音菩薩」。単に「観世音」とも言います。「観音」という読みは、中国語 [Kwan-Yin] の発音からきています。英語で goddess of mercy（慈悲の女神）と訳される場合があります。しかし観音は男女の性別を超越した中性の存在 (neutral supersex being) です。そのため goddess「女神」、または god（男神）よりは deity「神」（ラテン語の Deus（神）に由来）の単語がよく用いられています。*Kannon is the deity* of mercy [infinite compassion] who is believed to deliver people from suffering.（人間を苦悩から救い出す無限の慈悲にあふれる神）（『和英・日本の文化・観光・歴史辞典』（三修社・カシオ電子辞書版 山口百々男 著）より抜粋）

⑧野崎島の集落跡 【所在地】長崎県北松浦郡小値賀町野崎島

✝ 野崎集落・野首集落・舟森集落

　野崎島（南北6km、東西1.6km）は五島列島の北部、小値賀島の東2km先に浮かぶ細長い島です。全島が西海国立公園に指定されています。島内には断崖絶壁に取り囲まれた、急傾斜な地域があります。島の眼下には透き通る海、そして手つかずの白砂ビーチが広がっています。島の陸には特別天然記念物の鳥類（カラスバト）や400頭以上の野生のニホンジカなどが生息し、豊かな大自然が残る原生林で覆われています。ちなみに小値賀町野崎島は懐かしい日本の原風景が残る島として、「日本で最も美しい村」に選ばれています。

　野崎島には縄文時代から中世にかけての遺跡が残存し、古来から人が住んでいたようです。野崎島は、小値賀島、宇久島と同様に平戸藩の管轄でした。この野崎島は、古くから「神道の聖地」とされてきました。島の北部の山頂付近には、村民の信仰を集める「沖ノ神嶋神社」（後述）が鎮座しています。そのため野崎島は、五島列島一円に暮らす神道信仰者にとっては霊地そのものでした。19世紀頃から、迫害を逃れた長崎・外海地域の潜伏キリシタンが移住し、古来からの神道信仰と共存しながらキリスト教を継承してきました。島内には、神道の氏子や仏教徒の住む「野崎集落」、そして潜伏キリシタンの住む「野首集落」と「舟森集落」という3カ所の集落がありました。1950（昭和25）年代には、650人ほどの島民が暮らしていたようです。

　「野崎集落」には、704（慶雲元）年頃に奈良から移住した沖ノ神嶋神社の神官の屋敷がありました。住民のほとんど約20世帯がこの神社の氏子でした。19世紀までの間に住民がいたのは、この「野崎集落」だけでした。集落には、神官一家が暮らしていた屋敷跡が今も残っていて、修復されて一般公開されています。

　江戸時代末期には、大村藩から難を逃れて外海地区の潜伏キリシタンが野崎

島に入 植 しました。さらなる安 住 の地を求めて彼らがやってきた移 住 先
は、中央部の「野首 集 落」と南部の「舟森 集 落」でした。

　「野首 集 落」は 1716（ 享 保 元 ）年、捕鯨で財を成した小値賀 町 の豪 商
（小田家）が開拓したことに始まります。その後 1797（寛政 9）年頃に、外海
地域から移 住 してきた潜伏キリシタン約 100 人に開拓地が与えられ、移 住 者
は、約 3,000 人にまで増えました。彼らは急 斜面の荒れ地に石垣を築いて平
地をつくり、芋や麦を栽培していました。また海岸で海藻を採りながら、生計
を営んでいました。そのうちの 2 家族は下五島を経由して野崎島に渡り、野
首の地に住み着き、「野首 集 落」を形成しました。

　「舟森 集 落」には 1840（天保 11）年頃に、小値賀 町 の回船問屋（田口徳平
治）に助けられて移 住 した潜伏キリシタンの親子 3 人がいました。大村藩で
明日にも処刑される寸前のところを助けられた 3 人にとって、「舟森 集 落」は
信仰を守り通すには絶好の場所でした。潜伏キリシタンを助けた徳平治は、熱
心な仏 教 徒でした。その後、潜伏キリシタンたちが移 住 し始め、1881（明治
41）年には「野首 教 会」に先駆けて、「瀬戸脇 教 会」（後述 ）が建てられま
した。舟森 集 落には潜伏キリシタンの墓地があります。発掘 調 査によって
出 土した人骨から判明したのは、仏 教 徒の墓が「西方（極楽） 浄 土」がある
とされる西向きであるのに対して、潜伏キリシタンの遺骨は 東 向きに埋葬さ
れていました。

✝ 沖ノ神嶋神社

　「沖ノ神嶋神社」は、野崎島の北部に鎮座しています。神社は飛鳥時代の
704（慶雲元）年に、山の 中腹の斜面に創建されました。本殿は木造の簡素な
建物です。五島列島一帯で信仰されている海 上 交通の守り神（鴨分一速 王
命 ）を祀っていて、五島列島における最古の神社です。

　社殿の背後には、2 本の巨大な石 柱 状の奇岩（高さ 24 m、幅 12 m）がそび
えています。その 頂 部には、「王位石」（長さ 5.3 m、幅 3 m、高さ 1.2 m）と呼
ぶ 1 個の巨石が乗っています。自然の産物なのか、それとも人の手によるもの

なのか、その成り立ちは今も謎に包まれています。いずれにせよ、王位石は神道の聖地としての野崎島を象徴しています。野崎島は、古来から神道の霊地として崇められていました。神主は平戸藩から役人として任命されていたので、実質的には島全体を統括していました。

　江戸時代末期に移住してきた潜伏キリシタンを除くと、ほとんどの島民は沖ノ神嶋神社の氏子で、その数は五島列島のほぼ全域に広がっていました。潜伏キリシタンはひそかに信仰を守るために、表面上は氏子になって神社を参拝し、各種の神社祭事に参列していました。また潜伏キリシタンは、野崎島の近くにある小値賀島の仏教寺院にも所属していました。小値賀島の代官所では定期的に「絵踏」が実施されていたのです。

　潜伏キリシタンは、キリスト像や聖母マリアの像を彫ったタブレットを踏むことによって、自らの信仰を隠し通しました。

　野首集落と船森集落には、潜伏キリシタンの指導者であり、洗礼を授ける「水方」や教会暦（典礼暦）を司る「帳方」（➡コラム（4））がいました。これらの人々の指導の下、在来の神道行事と折り合いをつけながら、自らのキリスト教信仰をひそかに継承してきました。

✝ 旧野首教会

　1865（慶応元）年、大浦天主堂で宣教師と潜伏キリシタンが出会った「信徒発見」を契機にして、野首集落の指導者を含めた5人の潜伏キリシタンは大浦天主堂を訪ね、宣教師から洗礼を授かりました。しかしこの時点ではまだ、キリシタン禁制が敷かれていた時代です。1868（明治元）年に五島でキリシタン弾圧があったとき、野首集落と舟森集落の潜伏キリシタン50人ほどが平戸藩に捕らえられ、平戸島に連行されました。投獄された者もいました。翌年拷問に耐えかねて、全員が改宗したため野崎島に帰されますが、不在の間に家の家財道具はすべて略奪されていました。

　1873（明治6）年にキリスト教が解禁されると、野崎島の潜伏キリシタンはカトリック教会に復帰しました。そして禁教期の宗教指導者の屋敷跡に、

さまざまな典礼儀式を行うための「仮聖堂」を建設しました。

1881（明治14）年、舟森地区につつましい木造の初代「瀬戸脇教会堂」が建てられました。しかし1966（昭和41）年になると、舟森集落は過疎化し、住民は集団離村したため、教会は廃絶しました。司祭館は小値賀島に移され、現在は小値賀教会となっています。

1882（明治15）年、野首集落に木造の「野首教会」が建設されました。1908年（明治41）年には、かつての帳方屋敷近くに建築家・鉄川与助の設計で、現在のれんが造りの「**野首教会**」が再建されました。鉄川与助にとっては最初のれんが造りの教会です。信徒たちが寝食を削って建てた教会は数年かけて、信徒たち全員の多大なる苦労の末に完成しました。カトリック信徒の村民は教会を建てるため、食事を1日2食に減らすなどして資金集めに力を合わせました。幸いにもキビナゴ漁の豊漁に恵まれて財を蓄えることができ、資金（約3億円）のメドが立ちました。教会堂は外観は和瓦でふかれた大屋根、聖堂内は美しいリブ・ヴォールト天井（コウモリ天井）と壮麗なステンドグラスがあり、東西の技術が見事に融合しています。ステンドグラスのモチーフは、五島列島の教会でよく用いられる「椿の花」です。教会の中は、ステンドグラスから射し込む優しい光線によって、さまざまな色が混じり合う神々しく神聖な「祈りの空間」となっています。丘の上には青い海と空、そして緑の山が織りなす風景の中にぽつんと建つ野首教会。その姿は小さいですが、非常に美しい佇まいです。禁教時代の厳しい弾圧と迫害に耐え抜いて信仰を守り抜き、信仰の自由と解放を得た人々の歓喜と崇高な精神性のシンボルと言えるでしょう。

時代の流れとともに、1945年の終戦から野崎島の人口の流出は続き、住民数は徐々に減少しました。野首集落には当時、24戸の信徒、舟森集落には34戸の信徒が住んでいました。しかし村の過疎化が進み、自給自足では暮らせなくなり、しかも高度経済成長期の中で若者が都会に流出。そのため1966（昭和41）年に「舟森集落」は13戸45人が集団離村し、再び無人の地となりました。1971（昭和46）年になると、「野首集落」の最後の

カトリック信徒6世帯28人が島を去り、教会は無人化し、廃堂になりました。1971（昭和46）年3月28日、野首教会で最後のミサがささげられました。1986（昭和61）年、荒廃した「旧野首教会」は小値賀町に寄贈され、町によって修復されました。1989（平成元）年には長崎県の有形文化財に指定され、現在は小値賀町が管理しています。

2001（平成13）年に、最後の島民と沖ノ神嶋神社の最後の神主が離村。以来、野崎島はほぼ無人化しました。現在は小値賀町の職員や「自然学塾村」の関係者を含む数百人がこの地に滞在し、島の観光産業を維持したり、さびれた旧野首教会を案内しています。周囲の建物が荒廃していく中にあって、「旧野首教会」だけが損壊することもなく、良好な状態で丘の上に堂々と存在しています。この風景こそが、あの禁教時代の厳しい生活に耐えて信仰を守り抜いた潜伏キリシタンたちの苦労を静かに物語っています。

◆「小値賀町諸島の文化的景観」は2011（平成23）年、国の「重要文化的景観」に選定されました。原生林をはじめ、豊かな自然が残る美しい景観が見られます。

旧 野首教会

王位石

コラム（8）　絵踏とは

　1973（昭和48）年の検定済み教科書以降、「踏絵」という言葉に代わって「絵踏」の用語が使われるようになりました。シーボルト著の『日本（NIPPON）』に記されていた"jefumi"が"efumi"と紹介されるようになりました。日本の教科書においても、ほぼ同じような内容として、「幕府は島原の乱後、寺請制度をはじめ、キリスト教徒の多かった北九州では、年々絵踏をおこなって信徒でないことを証明させた」と記載されています。

【絵踏の開始と制度】

　『長崎港草』によると、1628年に「絵踏」が長崎で始まったと記されています。長崎では正月の恒例行事として、町順で行われていました。禁教時代に「潜伏キリシタンを発見する」ため、長崎奉行所の役人・水野守信（1577-1637）が「絵踏」を考案し、毎年、役人の面前で実施されました。当初は本当に棄教したかどうかを調べるため、転びキリシタンを試そうとして聖画などの掛け物を踏ませたと言われています。「絵踏」は当初、九州だけで制度化されていましたが、1636年以降は九州以外の地でも実施されました。江戸幕府の大目付・井上政重（1585-1661）が「絵踏」の徹底強化を図りました。井上は幕府のキリシタン禁教政策の中心人物でした。「島原の乱」の鎮圧にも参加し、長崎では宗門改役を務めました。宗門改の制度化とともに、次第に「絵踏」も制度化されていきました。

　そもそも「絵踏」の目的は、「キリスト教の信仰に見切りをつけたこと」を宣言した者の「棄教」を確認するためのものでした。キリスト教弾圧のための拷問の一種でしたが、やがて「潜伏キリシタンを暴き出す方

法」へと変わりました。徳川幕府は、「潜伏キリシタンを密告する者はだれにでも金銭報酬で報いる」といった立て札を全国に設けました。棄教せずに信仰を守り通す者は、否応なく殉教の身となりました。

【絵踏と聖画像】

　1660年代になると、キリシタン摘発のための「絵踏」は制度化され、全国に広がりました。この検索方法は、キリシタンであるなしにかかわらず実施されるようになり、徐々に年中行事のようになっていきました。前述したように、当初は転びキリシタンを対象に、キリシタンから没収した聖画像やメダイなどを踏ませていました。キリシタンたちは金属で鋳造した十字架や、聖母マリアの像のレリーフを板にはめ込んだタブレットを踏む（絵踏）よう強要されました。

　「長崎と天草地方の潜伏キリシタン関連遺産」がユネスコの世界文化遺産に登録された2018年6月30日、東京国立博物館では「潜伏キリシタンの遺品」を一般公開しました。「マリア観音像」や「原城跡の遺品」の展示物とともに、下記のような印象的な「踏絵」が多数展示されました。若干列挙します。

《1》「銅碑：エッケ・ホモ」（重要文化財）——「エッケ・ホモ（見よ、この人を）」茨の冠を被り、右手に杖を持つ（マタイ27・29参照）イエス・キリストが彫られている銅碑。イエスに罪を見いだせない総督ピラトが群衆の前にイエスを引き出して、"Ecce homo"[Behold the man!]（エッケ・ホモ）（ヨハネ19・5参照）と言う場面です。(Ecce home. ラテン語の発音はエッチェ・ホモ）。

《2》「ピエタ」（重要文化財）——十字架から降ろされたイエスの遺体を、聖母マリアが抱きしめている場面を表している銅碑。

《3》「聖母子像」（重要文化財）——聖母マリアと幼子イエス・キリスト

が一緒に彫られている銅碑。

　特に容疑をかけられた潜伏キリシタンには、「キリスト教徒でないこと」を証明するため絵踏が徹底されました。潜伏キリシタンの中には、生き残るために寺院の檀家または神社の氏子として偽装し、踏絵に足をかけてしまった「弱者」もいました。キリシタンにとって信仰を隠し、聖像を踏むということは精神的な拷問でした。罪の意識に苦しんだ潜伏キリシタンは、絵踏を終えて自宅に帰ると、すぐに踏絵を踏んだ足を洗い、自らの行動に対する「罪のゆるし」（コンチリサン）を求めてお祈りをしたと言われています。

　サンパウロ発行の月刊誌『家庭の友』（2018年10月号）に、次のような記事（山内堅治神父・著）があります。【毎年、正月頃、絵踏が行われた。潜伏キリシタンにはとても厳しい瞬間でした。……外国人の宣教師が次のように教えたそうだよ。『信者たちにとって踏み絵を踏むのはとても辛いけれど、家に帰って回心の祈りを唱え、信者としての生活を続けなさい』と。そうやって信者たちは生き延びたんだ。踏み絵を踏むのはとても辛かったと思うけれど、次の世代に信仰を伝えるためにそうしたんだ」と説明してくれた】。

【絵踏の廃止】

　1858（安政5）年の日米修好通商条約の締結後、「絵踏」は廃止されました。しかし長崎以外の地では、その後も数年間、「絵踏」は実施されました。潜伏キリシタンが激しい拷問を受けながらも信仰を捨てなかったのは、どうしても神様に背くことができなかったからです。彼らは、財産よりも名誉よりも生命よりも、神様を選んで殉教しました。中には弱さ故に棄教した者もいましたが、後年、その罪のゆるしを願い、償いを果たして元の信仰に戻りました。「絵踏」が廃止された後、「踏絵」は長崎奉

行所の宗門倉に保管され、明治維新後、そのまま長崎県庁に引き継がれました。その後1874年に文部省（現・文部科学省）を経て、現在は東京国立博物館の所蔵になっています。

★遠藤周作は『吉利支丹時代・殉教と棄教の歴史』の中で、このように述懐しています。「キリシタン時代の素朴な農民や漁民、町人たちにとって「マリア像」を踏むことは「お袋の顔」を踏むのと同じように切実な苦しみをひき起こしたにちがいないのだ」と。

　ちなみに、キリシタンに関する数多い文献の中で「殉教者」については語っても、「転んだ者」についてはほとんど触れておらず、彼らは「沈黙の灰」の中に埋もれています。

⑨ 頭ヶ島の集落 【所在地】長崎県 南松浦郡新上五島 町

✝ 頭ヶ島と前田儀太夫

　頭ヶ島は五島列島の北部（「上五島」と呼ばれる）にある、小さな島（周囲約8 km）です。五島列島は長崎市から約100 km西に位置し、100以上の島々から成る群島です。地形は鮮やかな紺碧の海とリアス式の美しい海岸線、白浜の海浜や海食断崖など変化に富み、海浜以外の三方は山に囲まれ、風光明媚な風景が広がります。気候も温暖でヤブツバキなど特有の花が咲き乱れます。かつては遣唐使船の寄港地でも知られていました。1981（昭和56）年にはコンクリート製の頭ヶ島大橋（全長300 m）が架けられて、現在は中通島と結ばれています。

　頭ヶ島は縄文時代などきわめて古い時代の遺跡はありますが、その後、江戸時代末期まではほぼ無人島でした。19世紀の中期まで天然痘患者を隔離するために使用されていたので、島は孤立状態でした。また伝染病患者のための療養地でもありました。隣接する中通島との海峡には激しい潮流があり、さらには周辺に切り立った海食断崖の海岸地形があるため、人が近づきにくい立地条件です。そのため潜伏キリシタンがひそかに信仰を守り続けるには、格好の場所でした。島内の集落は、頭ヶ島天主堂（後述）のある「白浜地区」、崎浦漁港がある「福浦地区」、頭ヶ島大橋近くの「浜泊地区」、南岸の「田尻地区」の4カ所があります。

　江戸時代末期1858（安政5）年には、**前田儀太夫**が隣接する上五島の中通島から移住してきて、無人島の頭ヶ島を開拓しました。前田氏は島の北部海岸近くの福浦地区に住居を構えました。前田氏は仏教徒でありながらカトリックへの理解を示し、キリシタン信仰を黙認していました。後年、福浦地区に前田一族の墓地が造られました。中央には前田儀太夫、向かって右側には息子、左側には孫の墓3基が残っています。孫は仏教から改宗したのでカトリック様式の墓になっており、墓石の上には十字架があります。仏教様式

129

の墓碑とカトリック様式の墓碑が仲良く並んでいることからも、前田氏がキリシタンに寛容であったことがうかがえます。

　当初、前田氏は頭ケ島の開拓にあたって協力者を募りました。しかし、伝染病患者の療養地であったため協力者は集まりませんでした。1859（安政6）年、再度開拓のために移住者を募集したところ、希望する家族が数世帯いて、中通島の鯛ノ浦集落から頭ケ島へ移住して来ました。その後、前田氏を慕って移住する者が増えました。18世紀末に結ばれた大村藩と五島藩との協定によって、外海地域から約3,000人が移住して来ました。その大半が上五島でひそかにキリスト教信仰を守り続けていた潜伏キリシタンであったため、自然とキリシタン集落が形成されました。前田氏にとってキリシタンの人々は大切な労働力であり、家族同様の気持ちで彼らと協働しました。キリシタンたちにとっても、前田氏と行動を共にすることでキリシタンであることをカムフラージュすることができました。彼らは土地を開拓するだけでなく、迫害を逃れて安住の地を求めてこの地へ移住したのです。やがて移住キリシタンたちは白浜地区や田尻地区などで農地を開拓し、山の中腹斜面の耕作地で芋作農業を営みました。

　潜伏キリシタンは無人島を開拓し、「信仰の場」を造りあげました。その時代の頭ケ島には宗門改めや絵踏もなく、信徒たちは安心して信仰を守ることができ、まるで天国のようでしたので、多数のキリシタン移住者が居住していました。

　五島列島の頭ケ島は、江戸時代の禁教期に迫害から逃れてくるキリシタンにとって比較的安住の地と言われていました。この島には役人の目もあまり届かないことから、潜伏キリシタンが増え、彼らの集落が形成されていきました。潜伏キリシタンは表向きは中通島にある仏教寺院に属し、昔からこの地に住んでいる仏教徒を装いながら潜伏キリシタンの指導者の下でひそかに信仰を守っていました。これを契機として、頭ケ島集落における潜伏キリシタンの共同体が形成され、結果的にカトリック教会への復帰が早まりました。

✝ ドミンゴ森 松次郎と仮聖堂

　1865（慶応元）年、潜伏キリシタンが大浦天主堂でプティジャン神父と会った時（「信徒発見」）、頭ケ島に住む潜伏キリシタンの指導者たちも神父に会うため、ひそかに大浦天主堂に赴きました。彼らは自分たちが長く隠し続けた信仰を神父に告白し、頭ケ島に司祭を派遣してくれるよう願いました。

　その信徒指導者の中に、信仰心に富んだ**ドミンゴ森 松次郎**（1835-1902）がいました。松次郎は1866（慶応2）年に長崎でプティジャン神父の教えを受け、上五島地域の鯛ノ浦へ戻ってくると、潜伏キリシタンの頭目（指導者）となりました。1867（慶応3）年に鯛ノ浦から頭ケ島へと移住し、カトリック伝道師としてキリスト教の宣教に力を注ぎました。松次郎は五島の若者を頭ケ島に集めて公教要理を教育する「伝道師養成所」も開設しました。それを知った五島列島各地のキリシタンたちは大挙して頭ケ島に集まり、頭ケ島は五島列島におけるキリシタンの重要拠点の一つになりました。松次郎は自宅に神父をかくまっていました。1870（明治3）年には島内にある自分の家に、「仮聖堂」を構えました。その後、長崎の大浦天主堂からクザン神父を迎えてミサが行われ、洗礼や秘跡の授与も行われました。その結果、多くの潜伏キリシタンがカトリック教会に復帰しました。

　1868（明治元）年、明治時代に入ると五島・久賀島から始まった大規模な「**五島崩れ**」がこの島にも押し寄せました。その時、ドミンゴ森 松次郎が設置した仮聖堂や「伝道師養成所」は、逮捕されたキリシタンを監禁するための牢屋として使用されました。信徒たちは追われる身となった松次郎を逃がしました。松次郎は頭ケ島を脱出して長崎・浦上に逃れ、1873（明治6）年の解禁後はプティジャン神父の慈善事業を手伝いました。その後、平戸、黒島などで宣教して1902（明治35）年に長崎で帰天しました。その遺体は浦上の赤城墓地に、妻と共に静かに眠っています。頭ケ島天主堂の裏には、「ドミンゴ森 松次郎の記念碑」が建てられています。

　一方、松次郎を逃がした十数名のキリシタンの戸主（家長）たちは、五島藩の役人に連行され、厳しい拷問を受け、改宗を迫られました。改宗を申し

出た者は解放されました。3 カ月後、監視役の隙を突いて信徒全員が監禁された施設から安全な地を求めて船で脱出しました。この人たちは、五島に離散しました。

✝ 頭ケ島天主堂

　1873（明治 6）年、キリスト教禁止の高札が撤廃され、キリスト教が黙認されました。迫害は終わり、頭ケ島にもキリシタンたちが徐々に戻って来ました。1887（明治 20）年頃には、仮聖堂のあったドミンゴ森松次郎の屋敷跡（潜伏キリシタンの指導者屋敷跡）の近くに、最初の木造建ての「頭ケ島教会堂」が建てられ、1914（大正 3）年まで使用されました。

　1919（大正 8）年、ドミンゴ森松次郎が構えた「仮聖堂」のあった屋敷跡に、現在のロマネスク様式の石造りの「頭ケ島天主堂」が、建築家の鉄川与助の設計によって新しく石造りで建てられました。1910（明治 43）年に着工し、資金難で一時中断しましたが 1919（大正 8）年、ついに、新しい「祈りの家」として竣工したのです。竣工までに 9 年の歳月を要しました。完成までに時間がかかり、工事が中断した原因は資金難によるものでした。そのため数も少なく貧しい信徒たちは、日々の生活を切り詰めてまで教会建設の費用を捻出したのです。昼は白浜地区の対岸に浮かぶ「ロクロ島」などの山間で採石とその運搬、そして切り出した五島石を一つ一つ手で積み上げての作業、夜は漁業（イカ釣り漁）の仕事と寝食を惜しんで懸命に励み、資金集めに精を出して協力しました。工事では大きな石を数人がかりで運び、全てを人の力で 1 日に数個ずつ丹念に積み上げたようです。石には信徒たちの刻印が見られます。また石壁には、「三九五」や「四九五」などといった暗号のような文字が書かれています。これは「3 尺 9 寸 5 分」という、石の長さを表記しています。

　頭ケ島天主堂は、頭ケ島北岸の白浜集落から海に向かった谷間の奥に建っています。前方にある十字架の塔と単層の切妻屋根のある天主堂は、頭ケ島の地元で産出される砂岩を多く使用して造られています。文字どおり信

徒による手造りで、長崎県では唯一の石造りの天主堂です。頭ヶ島天主堂は全国でも珍しい石造建築の天主堂で、整然と積み上げられた石壁は日本人の英知の結集です。

天主堂の重厚な外観は、ごつごつした砂石（厚さ約30cm）と灰色をした外壁で覆われていて、正面中央には円形窓と八角形の銅板張りのドーム屋根を冠した鐘塔があります。聖堂内は明るいパステルカラーで彩られ、随所に五島の椿の花柄文様とブルーの色彩修飾があしらわれ、菊や百合の花を模した柄が随所に施された「祈りの場」です。「花の御堂」の愛称があり、夢のような愛らしい内装の装飾は、見る人の心を和ませてくれます。内部は列柱のない単廊式で、板張りのアーチ形の天井は広々とした空間になっています。男性的な外観の勇猛さとは対照的に、女性的な内部の優雅さが「祈りの空間」を造り出しています。正面左側には鐘楼の鐘が設けられ、向かって右側には合掌するルルドのマリア像が建っています。まさに頭ヶ島天主堂の発祥の地です。

天主堂の敷地内には、「ドミンゴ森 松次郎翁居館跡」の碑があります。この跡地にはかつて、仮聖堂と伝道師の養成所があり、迫害時には、潜伏キリシタンを閉じ込めておくための仮牢でした。また、五島キリシタン信仰復活120年を記念して1987（昭和62）年に建てられた「五島キリシタン復活信仰顕彰之碑」があります。さらには迫害の厳しさを想像させる「キリシタン拷問五六石之塔」があります。捕らえられた信徒たちは激しい拷問を受け、棄教を迫られました。「算木責め」という拷問で、5本の鋭く削った角材の上に座らされ、1枚45キロの板石を膝の上に積まれます。気絶すると水をかけられて、正気に戻れば再度、石を載せたのです。それでも信徒たちは「転ぶ（棄教する）」ことはなかったのです。

1905（明治38）年には、天主堂近くの白浜海岸沿いの砂丘に美しいキリシタン共同墓地が築かれました。古びた石の十字架が多数並び建っています。解禁後、厳しい禁教時代を乗り越えてカトリックに復帰した潜伏キリシタンの先祖たちが、この共同墓地で静かに眠っています。毎年5月初旬から下

旬にかけて、マツバギクという鮮やかなピンク色の花が墓地一面に美しく咲き誇ります。墓地がある海岸そのものがあまり人の近づかない場所でもあったため、潜伏キリシタンがひそかに信仰を守るためには格好の場所でした。

　国際的にも珍しい石造りで重厚な外観を持ち、華やいだ花柄模様の内部が特徴的な頭ケ島天主堂は、国の重要文化財に指定されているだけでなく、ユネスコの「世界文化遺産」にも登録されました。今では見学者も年々増えていますが、地元の信徒たちはこのように言っています。

　「教会は私たちの生活の一部で、心のよりどころというか安らぎの場所になっています。自分たちの先祖から受け継いだ尊い信仰生活が、今もって世界の人々に認められているということを、大変うれしく思っています」。

◆「頭ケ島天主堂」は 2001（平成 13）年、国の「重要文化財」に指定されました。
◆「新上五島崎浦の五島石集落景観」は 2012（平成 24）年、国の「重要文化的景観」として選定されました。良質な砂石「五島石」の石塀や石だたみ、家屋の下部に板石を張った民家といった美しい景観が見られます。

頭ケ島天主堂

ドミンゴ森 松次郎像

コラム（9）　五人組連坐制とは

　「五人組」とは5人ごとのグループを作り、グループ内で相互に監視させて、もし一人でも違反者がいる場合は5人全員に責任を取らせる制度です。「連坐」とは自分が関係していない他人の犯罪について、連帯責任を問われて罰せられることです。この制度の起源は、古代律令制下の「五保制」（五戸をまとめて保つ）から来ています。

　時代は流れ、1597年に豊臣秀吉は治安維持のため、下級武士や農民を対象にした「五人組」を制度化しました。1620年以降は、江戸幕府がキリシタン禁制の取り締まり強化のため、この制度を利用しました。1633年には全国規模で実施され、5戸単位を一組にして監視し合う制度を敷きました。カトリック司祭をかくまっていないか、キリスト教の信徒が「5人グループ」の中に紛れ込んでいないかを相互に監視し合います。「五人組」の内部から届け出があった場合には、禁令に背いた本人だけが逮捕、処罰されました。外部から密告があった場合は、「五人組」の全員が罪に問われ、組頭や庄屋とともに処罰されます。相互監視と密告の義務が厳しく励行されました。

★「訴人褒賞制」とは、キリシタンを訴えた人（情報提供者）に褒美（賞金）を与えるという制度です。江戸時代初期の1618年に施行され、長崎では「銀の延べ棒30本」を賞金とする高札が掲げられたのが始まりです。司祭、修道士、一般信徒によって報奨金の額に差異がありました。「バテレン（神父）銀500枚」、また「イルマン（修道士）300枚」などがありました。この制度は幕末に廃止されました。

★「類族改制」とは、キリシタン本人や転びキリシタン、および彼らの親族を特別な監視下に置くことです。

⑩久賀島の集落 【所在地】長崎県五島市蕨町五輪

✝ 久賀島

　久賀島は五島列島の南に位置する、小さな島（周囲約52km）です。海岸線はリアス式海岸で、島の北から中央にかけて湖のように静かな久賀湾が大きく切れ込んでいます。湾に面した緩い傾斜地には棚田が開かれ、急斜面地には椿栽培の段々畑があります。なだらかに連なる低い山々の裾野は海岸線まで延び、広大な原生林を見ることができます。冬になると島の至る所に「椿の花」が美しく咲き乱れます。特に長浜と亀河原の両海岸に群生する椿の自然林は圧巻です。黒川原の椿の原生林は、「ヤブツバキ」の群生地として県指定の天然記念物になっています。花の咲く季節になると美しい花が咲き誇り、島中が赤く彩られます。種子から油が採れる椿は重用されます。この久賀島は、「椿の島」としても知られています。五島の椿は伊豆大島で採れる「大島椿」の先祖と言われ、昭和20年代には椿油の売り上げ高で、日本一を記録した時代もありました。椿は長崎県の「県木」で、五島市の「花木」でもあります。

　久賀島は、奈留島と福江島の間に位置します。久賀島の田ノ浦と浜脇には縄文時代や弥生時代の遺物が残っているので、当時からこの島には人が住んでいたようです。久賀島は、古くは776（宝亀7）年頃に日本から大陸へ向かう貿易船や遣唐使船の寄港地、また804（延暦23）年には、平安時代初期の仏僧・弘法大師空海（774-835）が乗船した遣唐使船などの寄港地でした。美しい自然に囲まれた静かな島ですが、潜伏、迫害、復活といったキリシタンの歴史を物語る史跡も数多く残存します。

　1566（永禄9）年1月15日、久賀島の南部に隣接する福江島で、イエズス会宣教師ルイス・デ・アルメイダ（1525-83）と日本人修道士ロレンソ（1526-92）によってキリスト教の宣教が始まりました。戦国時代（1467-1573）に五島列島の全域を支配していた第18代五島藩主・宇久純定（不明-1586）はある

時、重い病にかかり、僧侶の祈祷や日本人医師では回復できませんでした。そこで1566（永禄9）年にイエズス会に依頼したところ、医師であったルイス・デ・アルメイダ修道士（当時）が派遣され、純定の熱病を治療し、彼は全快しました。その縁で、純定は司祭の派遣とキリスト教の宣教活動を許可しました。アルメイダ修道士と半盲の琵琶法師ロレンソ修道士は、熱心に宣教活動を行いました。1570年頃には多くの島民が受洗し、五島全体で2,000人ほどのキリシタンが住んでいました。これが五島とキリスト教との最初の接触でした。五島にキリスト教が伝来したきっかけは、西洋医学による病者の治療でした。ザビエルが日本に初めてキリスト教を伝えた1549年から、17年後のことでした。その後、アルメイダは献身的な医師として久賀島を含む五島列島でキリスト教の宣教を行い、キリシタンへの改宗者は日増しに増加しました（約200人）。アルメイダが長崎で宣教を開始したことにより、初めて「NAGASAKI（ナガサキ）」の名がヨーロッパに知られるようになりました。

　1579（天正7）年、宇久純定の孫の純玄が領主となると、キリシタンへの弾圧と禁教が始まります。しかし純玄の死後、玄雅（洗礼名・ルイス）が領主になると、再度キリスト教は復活し、2人のイエズス会宣教師が来島して、1,500人余りが受洗しました。

　時は流れ、江戸時代初期の1614（慶長18）年に徳川幕府による禁教令が敷かれたため、キリシタンの消息は一時途絶えます。そして1628（寛永5）年になると、領内には禁教の高札が立てられました。1664（寛文4）年になると久賀島においても、五島藩は「宗門改め」に際して「絵踏」を定期的に実施するようになります。このため潜伏キリシタンは、寺院の檀家や神社の氏子を装ってキリスト教の信仰を隠しました。その一方で、宗教指導者を中心とした共同体を維持し続け、ひそかに信仰を保っていました。潜伏キリシタンは移り住んだ先の仏教集落の住民たちと互助関係を築きながら、仏教徒が行う農業や漁業に加わることで生計を立てていました。

　久賀島の中央部に「竹山神社」という社があり、潜伏キリシタンは「祈り

の場所」として使用していました。永里集落では、潜伏キリシタンの指導者は聖母マリアに見立てた「マリア観音像」に向かって、ひそかに祈りをささげていました。

　五島にキリシタンが再来するのは、江戸時代の1797（寛政9）年以降のことです。大村藩から五島藩への農民の移住協定が成立し、その後、五島列島の各地に新しい集落が形成されていきます。その多くは、人口が急増した大村藩の外海地域から、新天地を求めて久賀島に移住してきた潜伏キリシタンでした。キリシタンたちは、山を切り拓いて厳しい自然環境の下で暮らしを営み、信仰を守り続けました。

✝ 五島崩れ・牢屋の窄

　1865（元治2）年、大浦天主堂での「信徒発見」の知らせを聞くと、長崎各地に散在していた潜伏キリシタンの指導者たちが大浦天主堂を訪れました。久賀島の指導者も大浦天主堂の宣教師を訪れ、信仰を告白して洗礼を受けました。これを知った役人は、キリシタンを捕らえて拷問を加えました。これが浦上のキリシタンに対する迫害としてよく知られる大規模な弾圧事件、「浦上四番崩れ」（162ページ）の始まりでした。このことは高校の歴史教科書にも、「浦上のキリシタンは慶応元（1865）年、大浦天主堂の落成を機にここを訪ねたフランス人宣教師に信仰を告白して明るみに出た。しかし、明治政府は神道国教化の政策をとり、ふたたび浦上の信徒を捕らえ、各藩に配流した」と記されています。

　長崎におけるこうした動きは五島にも飛び火し、五島のキリシタンたちも次々と信仰を表明、そして五島藩はこれを迫害・弾圧しました。

　1868（明治元）年、五島列島全土におよぶ大規模なキリスト教徒の摘発事件が起こり、久賀島から『五島崩れ』と呼ばれる迫害が始まりました。キリスト教解禁前の久賀島においても、迫害されて殉教する潜伏キリシタンが大勢出ました。役人は逮捕したキリシタンたちを極寒の海に長時間浸けたり、あるいは炭火を手のひらにのせたりして残酷な拷問を加えました。

　1868（明治元）年に久賀島で、信仰を捨てない信徒に対する「牢屋の窄殉教」事件が起きます。「牢屋の窄」と呼ばれる6坪ほどの狭く小さな牢屋に、島民の老若男女合わせて200人ものキリスト教徒が監禁されたのです。わずか12畳ほどしかない小屋を板で二つに仕切り、そこに男女別々に信徒たちを押し込めたのです。狭すぎるため身動き一つできず、そうかといって座ることもできない、過酷な責め苦でした。これは畳一枚あたり17人という狭さで、横になることさえもできないという想像に絶する惨状でした。こうした残酷な拷問を加えて、明治政府は棄教を迫ったのです。朝夕の食事はたった一切れのサツマイモといった過酷な状況のもとで、信徒たちは8カ月間投獄されていました。子連れの母親はその一切れすらも子どもにあげて、自分はほとんど口にしなかったようです。10歳の少女マリア、8歳の少女マリア、5歳の少女テクラの3姉妹は、牢内で神さまへの愛の賛歌を称えながら亡くなっていきました。飢えと寒さで熱病に冒された長女マリアは、「わたしはパライソ（天国）にまいります。パライソでお会いしましょう。お父さん、お母さん、さようなら」と言いながら、牢内で安らかに息を引きとりました。このような「生き地獄」の中でさえ、大人も子どもも、何よりも大切な信仰を最期まで棄てることはなかったのです。

　「キリシタン信仰を守る」というだけの理由で、このような非道を加えたことに対してフランスやイギリスの公使などが何度も明治政府に抗議しました。各国からの抗議を受けた明治政府はやむなく拷問を中止し、中心的なキリシタンの指導者を除いて、他の信徒に出牢を許可します。記録によれば、大多数の信徒が解放されましたが、飢えや渇き、また病気や拷問のため子どもを含む42人（牢内で39人、出牢後に3人）が信仰のために獄死しました。解放された信徒たちが家に戻ってみると、入牢中に家財や農具など、すべてが信徒以外の島民によって略奪されていました。

　信仰の強さと信教の自由を守り抜いた信徒たちをを称える「牢屋の窄殉教地」跡には、「信仰之碑」と書かれた大きな記念石碑の史跡があり、その下に42人の殉教者の名前が刻まれた小さな墓碑が並んでいます。例えば、小

さな墓碑の表面には大きな文字で、『ドメニカ・たせ　12歳　姐に下腹をかまれて死亡』また、『トメイ・政治郎　6歳　アップ（水）アップと言いながら、渇きのために死亡』と刻まれています。

現在、潜伏キリシタンが殉教した牢屋の跡地には、殉教者を弔うための「牢屋の窄殉教記念聖堂」があります。毎年秋（10月の最終日曜日）に行われる「牢屋の窄殉教祭」には、五島内外のカトリック信徒や巡礼者が大勢集まり、信仰に殉じた人々への祈りをささげています。

「長崎と天草地方の潜伏キリシタン関連遺産」が世界文化遺産に登録された2018（平成30）年11月28日には、「牢屋の窄殉教150年祭」が開かれ、殉教記念ミサが高見三明大司教の司式の下で盛大に執り行われました。当日は長崎や上五島からの巡礼者を含め、350人ほどが参列しました。

「殉教記念ミサ」に参列したある年老いた信徒は、このように述懐しています。「篤い信仰を捨てることなく、悲惨な拷問から生き残った信徒たちはキリストの教えに従い、役人を憎まず赦そうとしたと言われています。本当に頭が下がります」。また、ある信徒は、「あの時にみんな棄教していれば、この島に今、信徒はおらんでしょう。牢屋の窄は久賀島カトリックの原点です」と、この島に寄せる特別な思いを述べています。

✞ 旧五輪教会堂

1873（明治6）年のキリスト教解禁後、カトリック教会へ復帰した集落には教会が多数建設されました。1880（明治13）年にはマルマン神父が下五島（奈留島、久賀島、福江島）に常駐し、各地に教会が建てられ、また、潜伏キリシタンの墓地が造られました。

1881（明治14）年に浜脇教会堂、1918（大正7）年に永里教会堂、1921（大正10）年に細石流教会堂、1926（昭和元）年に赤仁田教会堂などが建設されました。最初の浜脇教会堂を除いて、他の教会は島の過疎化と人口の減少とで、すべて廃堂になっています。浜脇にある木造の教会堂を建てる際には、「牢屋の窄」でひどい拷問を受けた信徒たちも進んで工事に携わり、炭火

で手のひらを焼かれて手が不自由になっていた人も、教会を建てるため懸命に働いたと言います。

1881（明治14）年に久賀島の西海岸に位置し、最初に建てられた木造の「浜脇教会堂」は長年の潮風にさらされて激しく傷んで老朽化したために解体され、1931（昭和6）年に久賀の東海岸にある五輪集落に運ばれて「五輪教会堂」として移築されました。現存する「旧五輪教会堂」は、浜脇教会の昔の面影を今に残しています。一時は老朽化のため取り壊しの話がありましたが、解体寸前に貴重な文化財として保存することが決まり、取り壊しの難を逃れました。今では、長崎県下に現存する木造教会堂の中で最も古い遺構の一つとして非常に重要な存在です。

五輪集落は外海地域から移住してきた潜伏キリシタンによって形成されましたが、他の集落の場合と異なり、在来の仏教集落から隔離された静かな場所にあります。奈留瀬戸に面した狭い平地にひっそりと佇み、海岸のすぐ脇に建つ「旧五輪教会堂」は、外観は純和風の簡素で美しい瓦ぶき屋根の木造家屋ですが、聖堂内は左右と中央が三廊式の、木製のリブ・ヴォールト天井（コウモリ天井）のゴシック様式建築となっています。

上部構造の外壁は漆喰仕上げで、下層部は縦板張りで覆われています。まさに和洋折衷の希少な建造物です。ひと昔前、信仰に全てをささげた久賀島の潜伏キリシタンがひざまずいていたであろう清らかな祈りの空間が広がっています。聖堂内正面の祭壇後ろに置かれた幼子イエスを腕に抱く「聖ヨセフ像」、そして祭壇前には「聖体拝領台」、その両側には「十字架の道行」（イエスの死刑宣告から埋葬までの14場面）の絵画、そして窓ぎわには「告解部屋」が残っています。廃堂とはいえ、教会堂は海辺にあり、波が穏やかな時は紺碧の水面に映り、教会堂として欠かせない神聖な祈りの空間が残されています。

旧五輪教会を建設したのは、久賀島の大工の棟梁・**平山亀吉**（1854-1940）と、同島の大工3人だと言われています。彼らは最初に大浦天主堂を視察して、建築の構想を練ったということです。旧五輪教会堂は、幕末の1864

（元治元）年に創建された大浦天主堂に次いで、最も古い木造建築です。旧五輪教会堂は五島市に委譲され、重要文化財として市が管理しています。現在は修復して一般公開されています。正面玄関の入り口には、「史跡旧五輪教会」と書かれた小さな石碑が建っています。

時は流れて、昭和後期の1985（昭和60）年には、同地区の五輪集落にオレンジ色のモダンな「五輪教会堂」がコンクリート造りで新築され、「旧五輪教会堂」と並び建っています。新聖堂と旧聖堂が五輪漁港の平地に静かに建ち、その新旧のコントラストは実に美しい。

山の斜面には、五輪教会付属の「五輪墓地」があります。墓石にはいろいろ異なる形状があり、上段に十字架を載せた墓石があれば、単に楕円形の小石を積み重ねた墓石もあります。また潜伏キリシタンの「永里墓地」や「細石流墓地」などもあり、いずれも簡素な墓地として静かな林の中できれいに管理されています。潜伏キリシタンの受難と信仰の歴史を伝える久賀島は、今も往時をしのぶ面影を色濃く残しています。

◆「旧五輪教会堂」は1985（昭和60）年に長崎県の「有形文化財」に指定され、1999（平成11）年には国の「重要文化財」として指定されました。
◆「五島市久賀島の文化的景観」は2011（平成23）年、国の「重要文化的景観」として選定されました。全島には椿の花が咲きます。特に長浜、亀河原の両海岸に群生する椿の自然林の景観は圧巻です。

旧 五輪教会堂

「牢屋の窄殉教地」跡の「信仰之碑」

コラム（10）ミサ（感謝の祭儀）とは

「カトリック教会」と言えば、必ず耳にしたことがある言葉に『ミサ』があります。本書においても頻繁にこの『ミサ』という用語が登場します。『ミサ』はキリスト信者の中心となる儀式です。現在、日本では「クリスマスのミサ」のように華やかに執り行われていますが、潜伏キリシタン時代には人目を避けて地下または洞窟、あるいは庄屋の小さな仮聖堂などでひそかに執り行われていました。しかし「形式」は異なっていても、ミサの「本質」は今も昔も変わることはありません。

『ミサ』とはどのようなものなのでしょうか。「ミサ」に関するカトリック東京大司教区の説明を要約します。

レオナルド・ダ・ヴィンチの名画『最後の晩餐』（The Last Supper）の情景を見ると、イエス・キリストは逮捕される前に12人の弟子（十二使徒）と夕食を共にしています。テーブルの上には「パン」と「ぶどう酒」があります。イエスはその席で「パン」を取り、「これはわたしのからだである」と言い、またぶどう酒の杯を取って、「これはわたしの血である」と言われました。これがカトリック教会で『ミサ（感謝の祭儀）』と呼ばれる礼拝集会です。

『ミサ』はイエス・キリストの生涯、特に最後の晩餐で定められた、キリストの死去と復活を思い起こして再現する祭儀です。キリストを通して実現した救いの恵みに感謝し、「パン」と「ぶどう酒」のしるしによってキリスト信者がイエス・キリストと一つに結ばれるのです。

『ミサ』は4つの場面から構成されています。

（1）開祭の儀

心を神に向け（入祭のあいさつ）、日々の生活を反省し（回心）、祈

りの心を整えます（あわれみの賛歌）。

(2) ことばの典礼

「聖書」の朗読を中心として、聖歌・説教・祈願が行われます。その中心は、聖書「旧約聖書と新約聖書（聖パウロの書簡、使徒言行録など）」の朗読と、「新約聖書（福音書）」の朗読、そして司祭による「説教」です。特に福音書の朗読においては、一年間のサイクルで「キリストの生涯」の一コマ一コマを記念します。その聖書のことばを自分自身に向けて語られるイエス・キリストのことばとして聞き、心に納め、そのことばに日々養われていきます。

(3) 感謝の典礼

感謝の典礼は「ミサ」の中核部で、パンとぶどう酒の食卓を囲む「主の晩餐」が再現されます。供え物の準備に始まり、キリストの死去と復活を記念して、「パン」と「ぶどう酒」をささげる祈り（奉献文）が唱えられます。

【注】『奉献文』（ミサ中、司祭が唱える祈り）の原文の抜粋です。

「……主イエスは渡される夜、パンを取り、あなたに感謝をささげて祝福し、割って弟子に与えて仰せになりました。『皆、これを取って食べなさい。これはあなたがたのために渡されるわたしのからだ（である）』。食事の終わりに同じように杯を取り、あなたに感謝をささげて祝福し、弟子に与えて仰せになりました。『皆、これを受けて飲みなさい。これはわたしの血の杯、あなたがたと多くの人のために流されて、罪のゆるしとなる新しい永遠の契約の血（である）。これをわたしの記念として行いなさい』。

御子キリストの御からだと御血によってわたしたちが養われ、その聖霊に満たされて、キリストのうちにあって一つのから

だ、一つの心となりますように」。

　その後、「主の祈り」と「平和のあいさつ」が司祭と会衆（参加した信徒全員）とで相互に交わされます。

　「感謝の典礼」の終わりに、カトリック信徒はキリストのからだである「聖体のパン」（「ホスチア」と呼ぶ）をいただきます（聖体拝領）。

(4) 閉祭の儀

キリストに結ばれた者として、日々の生活に派遣されていきます。

【注】『ミサ』の原文はラテン語です。1962年にローマで「第二バチカン公会議」が開かれ、従来、「ラテン語」で行われていたミサが「日本語」で執り行われるようになりました。またミサ（聖祭）は、「感謝の祭儀」とも言われるようになりました。現在、ミサの「閉祭のあいさつ」で、司祭は「感謝の祭儀を終わります。行きましょう、主の平和のうちに」と言い、会衆は「神に感謝」と応答します。

　ミサがラテン語で執り行われていた時代、「閉祭のあいさつ」で司祭はラテン語で "Ite, missa est."（イテ・ミサ・エスト）と言いました。直訳すると「行きましょう、ミサは終わりました」という意味です。"ite"（行け）は命令形です。会衆は "Deo gratias."（デオ・グラチアス）と返答していました。意味は「神に感謝」です。

　ちなみに、「ミサ」という名称は、ラテン語の "missa" に由来します。英語では (Holy) Mass（発音は「マス」）と言います。

［参照］「ミサを執り行う」は say [hold] Mass,「ミサに参列する」は attend [go to] Mass です。

【注】『福音書』（Gospel）
　　　神からの喜ばしい救いの知らせをもたらした神の子イエス・キリストの生涯と教えに関する言行を記載した「四福音書」（マタイ、マルコ、ルカ、ヨハネ）の記録です。ちなみに「福音」とは「よい知らせ」（good news）のこと。神がイエスを遣わされて、人類を救ってくださったという「喜びの知らせ」の意味です。

【注】『聖書　新共同訳』
　　　第二バチカン公会議（1962-65年）によって、「エキュメニカル運動」（キリスト教一致促進運動）が世界的に盛り上がりました。日本では1978年に初めてカトリックとプロテスタントの共同訳による「聖書　新共同訳」が発行され、現在、カトリック教会でも公式聖書として、ミサの中で朗読されています。

ミサ聖祭をささげる教皇フランシスコ
© CBCJ　2019（長崎県営野球場にて）

⑪奈留島の江上集落（江上天主堂とその周辺）

【所在地】長崎県五島市奈留町大串1113-2

✝ 奈留島

奈留島は五島列島のほぼ中間に位置する、小さな島（面積約24km）です。奈留島は久賀島と若松島の間にあります。五島列島を網羅する西海国立公園の中で、奈留島だけは除外されています。奈留島は全体に山岳が連なり、岬が多数突出し、美しい海岸線は複雑に入り組み、天然の良港を形成しています。

奈留島は、室町時代（1336-1573）、日本が中国の明と貿易（日明貿易）を行っていた時代、遣明船の最後の寄港地として重要な場所でした。奈留島は島の形が八つ手の葉のように広がっていて、入り江が幾つかあります。そのため、遣明船や遣欧使船の「風待ち港」として有名でした。

1566（永禄9）年に奈留島を含む五島列島は、イエズス会宣教師ルイス・デ・アルメイダ（1525-83）によって初めてキリスト教がもたらされました。この島には、久賀島と同じように潜伏キリシタンが多数生活していました。しかし1612（慶長17）年に禁教令が出されると、五島列島内の潜伏キリシタンにも弾圧の手が及び、一度は五島列島からキリシタンの姿が消えました。

奈留島近くに位置する若松島の海岸の断崖絶壁には、有名な「**キリシタン洞窟**」（奥行50m、高さ5m、幅5mのT字型）があり、多数の潜伏キリシタンが身を潜めていました。広さは十分ですが、洞窟内はひんやりと冷たく、岩がごろごろと散在していて、とても休める場所ではなかったのです。明治時代初期の「五島崩れ」の時（キリシタン禁教令が解禁される直前）、弾圧を逃れて潜伏キリシタンの4家族8人が洞窟に4カ月ほど、身を隠していました。ある朝のこと、不用意にも岩の上で炊事をしていた時の煙で漁船に見つかり、通報されて逮捕、キリシタンの家族は厳しい拷問を受けて皆、殉教しました。苦しみに耐え、信仰を守り抜いて亡くなった殉教者をしのび、鎮魂の願いを

込めて 1967（昭和 42）年に洞窟の入り口にある断崖の上に「十字架（高さ4 m）とキリスト像（高さ 3.6 m）」が建てられました。現在、毎年 11 月 2 日の「死者の日」には、この「キリシタン洞窟」で追悼ミサがささげられ、祖先の遺徳をしのんでいます。

✝ 江上集落

「世界文化遺産」に登録されているのは奈留島全体ではなく、島の北西部にある海沿いの狭い谷間にある「江上集落」のみです。「世界文化遺産」には、副題として「江上天主堂とその周辺」と記載されています。

久賀島（➡⑩久賀島の集落）や黒島（➡⑦黒島の集落）の潜伏キリシタン集落と同じように、江上集落もまた、江戸時代末期の 1797（寛政 9）年、長崎・外海地域から新天地を求めて多くの人が五島列島に移住してできた集落です。その中に、外海地域から江上集落へ移住してきた潜伏キリシタンの 4家族がいました。この地域に移住し、漁業に従事しながら信仰を守っていました。その後、続いて大勢の潜伏キリシタンが移住し、ひそかに信仰を継承してきました。禁教期の江上集落には、潜伏キリシタンの共同体が、幾つかできました。彼らは島内の既成社会の中でなんとか生き抜き、独自の集落を築きました。人里離れた谷間の地を切り開いた斜面に家屋を建て、平地には水田を作り、稲作地として農作物を作り、半農半漁の生活を営んでいました。

1873（明治 6）年にキリスト教が解禁されると、1881（明治 14）年にフランス人宣教師ブレル神父が江上集落を訪れて村民に洗礼を授け、4 家族ともに人々をカトリック教会に復帰させ、カトリック集落として発展しました。その後、大勢のキリシタンがカトリック集落を訪れ、宣教師の指導の下に入りました。当初は教会がなかったので、信徒指導者の屋敷を「仮聖堂」にしてミサをささげ、「信仰の中心」としていました。この 4 家族は、現在の江上教会信徒の祖先です。潜伏キリシタンの中には禁教が解かれた後もカトリック教会に復帰せず、1975（昭和 50）年頃まで「隠れキリシタン」の信仰

を継承する人もいました。

✝ 江上天主堂

1906（明治39）年、江上地域に簡素な木造の天主堂が建てられましたが、その資料は現存しません。江上天主堂はもともと、ミサをささげるための巡回教会の一つでした。そのため江上集落の潜伏キリシタンは、自分たちの独立した教会を熱望していました。

1918（大正7）年に、現在のロマネスク様式の「江上天主堂」（50坪）が鉄川与助の設計と監督の下に建てられました。江上天主堂は、外海地区から入植してきた人の子孫たちの熱心な献身によって完成しました。そして天主堂は今日まで、信徒たちの献金と労働奉仕によって維持されてきました。当時の江上天主堂の信徒は、約200人近くが在籍していました。幸いなことに、天主堂が完成する前年の1917（大正6）年、江上集落の人々はキビナゴ漁の豊漁によって、想定外の収入を手にすることができ、天主堂の建設資金を賄うことができました。奈留瀬戸の海峡に面する天主堂は、小さな谷間の南斜面を平坦な地に整地して建設されました。こんもりと茂る木立に囲まれた海岸に建っています。湿気の多い立地を考慮して、地面から90cm高く上げた高床式の構造になっていて、建物内部への換気対策が工夫されています。外部には多層状のタイルを敷いた木造屋根があり、聖堂内には教会固有の、本格的な漆喰仕上げのリブ・ヴォールト天井（コウモリ天井）があります。

2001（平成13）年には地元のカトリック信徒が自分たちで修復作業を丹念に行い、パステルカラーの壁と青いロマネスク風の格子窓の外観に改築。美しい緑豊かな林の中にひっそりとたたずむかれんな木造の天主堂としてよみがえりました。窓ガラスに描かれた五島特産の椿の花模様や柱の木目模様は一本一本、信徒の手描きで施されているため、一層味わい深い雰囲気をにじませています。正面入り口の上部に掲げられている「天主堂」と書かれた額の枠も水色に塗られ、その美しさは際だっています。信徒たちの素朴さと信仰の深さが、今も伝わってくる天主堂です。小さいながら江上天主堂は、日本

の伝統的な技術と西洋建築の特徴を融合させた、代表的な木造の天主堂です。

　江上天主堂の案内掲示板には、「左右対称のシンプルな外観と、純白に彩られた板張りの外壁がこの教会の特徴である。また内部はアーチ型の美しい天井、木目塗りの珍しい装飾が美しく、価値の高い建築様式である」と記載されています。

　かつては大勢の信徒であふれた天主堂も、ほとんどの住民が去ってしまった今、その周辺は静寂に包まれています。江上地区も過疎化の一途をたどり、地域の学校も廃校となり、海辺の林に囲まれたかわいらしい外観の天主堂だけがひっそりとたたずんでいます。

　2000（平成12）年の大きな台風によって江上天主堂は大きな被害を受け、修理が必要でした。しかし町からの資金援助はなく、修繕費用は奈留小教区が負担しましたが、その活動には限界がありました。2001（平成13）年には信徒たちの奉仕によって、外壁などが修復されました。現在、奈留小教区の少数の信徒たちが毎月第3日曜日にミサをささげ、建物を清掃するなどして天主堂を守っています。江上天主堂は、長崎地方におけるキリシタンの「潜伏の終わり」を最も端的に表す教会であると言われています。2018（平成30）年、江上天主堂は献堂記念百周年を祝いました。

◆「江上天主堂」　2002（平成14）年に長崎県の「有形文化財」に指定され、2008（平成20）年と2012（平成24）年（追加選定）には、国の「重要文化財」に指定されました。

江上天主堂

キリシタン洞窟

コラム（11） 聖人への道のり

本書には、「聖人」という単語が頻繁に登場しています。日本でも仏教、儒教、正教会、聖公会などで「聖人」の単語が使用されていますが、その概念はカトリックと他の宗教とでは異なります。「カトリック教会における列聖（聖人の列に加えること）の段階」には、《神の僕➡尊者➡福者➡聖人》があります。『ペトロ岐部と187殉教者』（ドン・ボスコ社）における記載内容を要約します。

■ 神の僕

将来、ある人物を「聖人」の列に加えること（列聖）を希望する場合、管轄司教は列聖調査の手続きを教皇庁（バチカン）に申し出ます。教皇庁列聖省がその調査を正式に開始すると、その人は「神の僕」と呼ばれます。

■ 尊者

列聖省がさまざまな調査の結果、その人物の生涯が「英雄的、福音的な生き方」であったと公認すると（あるいは、その人物の殉教の事実が確証されると）、その人は「尊者」と敬称されます。

■ 福者

尊者についてさらに調査が行われ、その尊者の「徳のある行為（あるいは殉教）により、その生涯が聖性に特徴づけられたもの」と立証されると、その人は「福者」と宣言されます。福者になるためには、（1）「証聖者」（殉教者ではないが、イエス・キリストに対する信仰を維持しながら聖なる生活を送り、平和のうちに帰天した者）の場合、その人に祈りをささげることによって、たとえば重病から回復したといったような「奇跡」が一つ必要です。（2）「殉教者」（イエス・キリストのために生命をささげた者）の場合は不要です。➡中浦ジュリアン（19ページ）

　ローマ教皇臨席のもと、枢機卿の全体会議によって審査され、承認されると教皇は「列福の教令」に署名し、列福式をもってその人を「福者」として宣言します。今は天に在るその方を福者の列に加えることを「列福」と言い、そのための式を「列福式」と呼びます。

■ 聖人

　「列福」後、さらに厳密な調査が行われ、「生存中にキリストの模範に忠実に従い、その教えを完全に実行した」ことが公認されると（あるいは神と人のために、またその信仰を守るために、自らの生命をささげた殉教者として証明されると）、その人は「聖人」として公に宣言されます。聖人は、キリストに非常に近い生き方をした者として、教会によって公式に認められ、信者の模範として特別に全世界で尊敬・崇敬される人のことです。

　聖人になるためには、列福後にもう一つの「奇跡」が必要となります。福者と同様の調査と手続きを踏んでローマ教皇は、その人を公式に聖人の列に加えることを宣言し「列聖」、その式「列聖式」がローマの聖ペトロ大聖堂で盛大に執り行われます。➡聖フランシスコ・ザビエル（付記(1)）、日本二十六聖人殉教者（22ページ）。

⑫大浦天主堂　【所在地】長崎県長崎市南山手町 5-3

✝ 大浦天主堂（正式名称「日本二十六聖人殉教者天主堂」）

□天主堂の建立

　1570（元亀元）年、日本初のキリシタン大名・大村純忠（1533-87）は海外貿易に向けて長崎港を開港し、長崎は国際貿易港として発展しました。同時に長崎は日本におけるキリスト教の拠点となり、数多くの教会が建設されました。豊臣秀吉の初期時代にはまだ、長崎でのキリスト教弾圧は始まっていなかったのです。

　やがて 1587（天正 15）年になると、キリシタンの増加に危惧の念を抱いた豊臣秀吉は、「伴天連追放令」を出しました。しかし秀吉は、長崎の南蛮貿易の実利を重視していたので、キリシタンを厳しく取り締まることはなかったのです。

　徳川家康も当初は、キリスト教に対しては寛大でした。ところが 1614（慶長 14）年に第 2 代将軍・徳川秀忠の時代になると、秀忠は全国に「キリスト教禁教令」を発布し、キリシタンの取り締まりを強化しました。このため、キリシタン信徒の中には棄教する者が多数出ました。

　時は流れ、幕末の 1853（寛永 6）年、アメリカのペリー提督が江戸湾に来航し、翌年（1854 年）に日本は、日米和親条約を結び、「鎖国政策」は終焉を迎えました。

　1858（安政 5）年に幕府は、「安政の五カ国修好通商条約」（米・英・露・蘭・仏）を締結し、日本は開国に踏み切りました。開港された長崎では大浦地区を外国人居留地と決め、整備がなされました。同年、日本とフランスとの間で「日仏修好通商条約」が結ばれ、長崎にはフランス人が多数居住するようになりました。彼らは日曜日に礼拝に行くため教会の建設を強く要求しました。

　日本の開国を機に、ローマ教皇は日本での宣教を再開するため、パリ外国

宣教会にその任務を委ねました。1844（弘化元）年、パリ外国宣教会のフォルカード神父は琉球王国の那覇に上陸し、日本における宣教活動の下準備をします。1859（安政6）年になるとジラール神父（日本総責任者）が、フランス領事館の司祭兼通訳として来日しました。

1863（文久3）年1月22日、パリ外国宣教会はルイ・テオドール・フューレとベルナール・タデー・プティジャンの2人の司祭を長崎に派遣しました。

フューレ神父（1816-1900）は、大浦地区を長崎における宣教の拠点と定めました。1863（文久3）年にまず、司祭が居住するための「司祭館」を建て、その後、大浦天主堂の建築に着手しました。しかしフューレ神父は天主堂の完成を前にフランスに帰国します。そのためフューレ神父は、大浦天主堂の完成を見ることなく、また「キリシタン史の奇跡」と言われる「信徒発見」にも立ち会うことはなかったのです。しかし神父は天主堂建設のための候補地を探し回り、長崎奉行に願い出て建築の許可を得たりするなど、多大な苦労を重ねました。フューレ神父は長崎にとっては、忘れてはならないパイオニア（開拓者）なのです。

フューレ神父の帰国後、**プティジャン神父**（1829-84）は天主堂の建設を引き継ぎ、1864（元治元）年に念願の**「大浦天主堂」**（後述）を大浦地区に完成させました。この時点では依然として禁教政策は続いていましたが、1859（安政6）年に長崎が自由港になって以降、外国人居留地の外国人のために大浦天主堂が創建されました。天主堂は、「日本二十六聖人」の殉教地である西坂の方角に向けて建てられました。この天主堂は1597（慶長2）年に長崎で殉教し、1862（文久2）年に教皇ピオ九世によって列聖された「日本二十六聖人殉教者」を記念して献堂されました。教会は**「日本二十六聖人殉教者天主堂」**と、正式に命名されました。天主堂の祭壇近くには、プティジャン神父がローマの画家に依頼して作成させた**「日本二十六聖人殉教の図」**の油絵が見られます。

1865（元治2）年2月19日には、大浦天主堂の献堂式が行われ、長崎居留地の在留外国人が多数参列しました。フランスの在日長崎領事をはじめ、フ

ランス、イギリス、ロシア、オランダの各軍艦の艦長と乗組員も参列し、それぞれの軍艦から21発の祝砲が撃ち放たれ、実に盛大でした。しかしそこに長崎奉行の姿はなく、配下の役人を「代理」として遣わしたのみでした。

　大浦天主堂は長崎市の南部、長崎港に面した高台にあり、日本に現存する最古の木造建築の教会です。建築設計は、パリ外国宣教会のフューレ神父とプティジャン神父、施工は（熊本県）天草出身の大工の棟梁・**小山秀之進**（1825-98）です。ちなみに小山秀之進は、大浦天主堂の建造に先立つ1863（文久3）年に日本に現存する木造洋館としては最古の「グラバー邸」（ユネスコ世界遺産・国指定の重要文化財）を建築しています。

　当時の大浦天主堂は、屋根の上に大小3基の十字架を立てた八角錐の尖塔がそびえるバロック様式の外観を呈していました。外壁の一部は日本の伝統工芸による黒地に白い格子のナマコ壁が使用され、和洋折衷の建築でした。その正面上部には、「神の家」という意味の「**天主堂**」の漢字が記された扁額が見られました。天主堂の後方にある2階建ての階上には、信仰篤きフランス人のカトリック信者から寄贈された青銅製の鐘楼（高さ82cm、径97cm）があります。当初は人力で引いて鐘を鳴らしていましたが、現在は機械による自動で、正午12時と夕方の6時に時を告げています。第二次大戦中、他の寺社の梵鐘は軍部に供出させられましたが、不思議にも、この鐘だけは貴重な文化財として供出を免れました。

　天主堂の内部はゴシック様式で、尖頭アーチ型の開口部やリブ・ヴォールト天井（コウモリ型天井）の美しい西洋建築は、当時の人々の驚きでした。中央の身廊と左右の側廊からなる三廊式の木造建築です。内部には木の柱のぬくもりと壁面の優しい白さ、のびやかな曲線で張りめぐらした天井など、すべてが一体となって静かな祈りの空間をつくり出しています。

　大浦天主堂が創建された頃は、屋根のとがった見慣れないこの建物は長崎市民から「**フランス寺**」とも呼ばれていました。というのも、この天主堂には、白亜の聖母像や銅製の鐘楼といったフランスと関連する寄贈品が多数あったからです。美しい天主堂は、見る者を魅了しました。言うまでもないことで

すが、大浦天主堂の建築費用を賄う資金集めに尽力したのは、フランス人神父たちでした。

大浦天主堂の正面入り口中央に立つ純白のマリア像『日本之聖母像』は、信徒発見の翌年（1866年）、浦上の貧しい信徒たちが持参した寄付金の賜物です。プティジャン神父は、これら信徒たちが献じた資金で「聖母像」をフランスに発注し、「信徒発見の記念」としてフランスから取り寄せました。

□信徒発見

プティジャン神父は1865（慶応元）年、パリ外国宣教会日本管区長のジラール神父（1821-67）に次のような主旨の書簡を書いています。

「親愛なる管区長様。心からお喜びください。日本には古きキリスト教徒の子孫が大勢います。彼らは聖なる信仰に関する事柄をよく記憶しています。私が感動的な場面に遭遇したことを少しお話しさせてください。

1865（元治2）年3月17日、天主堂の落成式の直後に長崎浦上村の潜伏キリシタン15人ほどが大浦天主堂を訪ねて来ました。教会で祈る私に向かってひそかに、「自分たちはカトリック信者である」と名乗り出ました。3人の女性が私の前にひざまずきながら、そのうちの一人の中年の婦人（杉本ゆり）が『ここにいる私たちは皆、あなた様と同じ心の者です』（ワレラノムネ　アナタノムネトオナジ）とささやきました。彼らは長崎の浦上地区出身だと告げました。私にすかさず、みんなで『サンタ・マリアのご像はどこ?』（サンタ・マリアノゴゾウハドコ?）と尋ねました。私は、彼らは日本の昔のキリシタンの子孫に違いないと直感しました。私は幼子イエスを胸に抱く聖マリア像の所に彼らを連れていきました」。

（フランス語の手紙の中では、「*Santa Maria no go-zo wa doko?*」と、ローマ字の日本文で書かれている）。

　約250年にもわたる江戸幕府の厳しい取り締まりにもかかわらず、浦上の潜伏キリシタンが親から子へ、子から孫へと伝え、守りぬいた信仰を神父に告白した瞬間です。潜伏キリシタンにとっては、「バスチャンの予言」（付記（1））どおり、七代待ち続けたパードレ（神父）との出会いでした。この信仰を告白した浦上のキリシタンたちは、興奮も覚めやらぬままに家路に着いたことでしょう。

　「信徒発見」のきっかけとなった「幼子イエスを胸に抱く聖マリア像」は、現在も『信徒発見の聖マリア像』として、天主堂内の主祭壇の正面向かって右側の脇祭壇に安置されています。この奇跡のような聖マリア像は、創建当時にフランスより持って来られたものです。プティジャン神父は、浦上の潜伏キリシタンの信仰が司祭不在時におけるものだと知り、彼らを再教育したうえで、あらためて洗礼を授けました。神父は浦上村の「信徒を発見」し、浦上キリシタンたちは、七代待ち望んでいた「神父を発見」したのです。大浦天主堂下の中庭には、「日本二十六聖人殉教者」の「列聖」から100年後にあたる1962（昭和37）年、また「信徒発見」100周年にあたる1965（昭和40）年にこの出来事を記念して製作した銅製のレリーフ「信徒発見記念の碑」（中田秀和作）が置かれています。この「信徒発見」レリーフには、浦上村の5人の信徒たちがプティジャン神父に信仰を告白する場面が描かれています。

　そしてその信徒発見の日から150年後の2015（平成27）年3月17日、大浦天主堂で「信徒発見150周年」のミサが執り行われました。ミサにはローマ教皇の書簡を携えた教皇特使も参列して、厳しい潜伏時代を乗り越えて、最後まで信仰を守り抜いた日本人信徒たちに賛辞と祝福の言葉が贈られました。

　当時日本では、依然としてキリスト教への取り締まりが厳しいにもかかわらず、彼ら潜伏キリシタンはカトリック宣教師と直接に面と向かい合ったのです。この出会いは潜伏キリシタンにとっても、約250年もの長い間待ちわびた神父を発見した瞬間でもありました。ローマ教皇庁（バチカン）では、信徒発見後の宣教体制を整えるための検討が行われ、1866（慶応2）年

にプティジャン神父は日本初の司教に任命されました。「信徒発見」の情報が広まると、1866（慶応2）年から1867（慶応3）年にかけて潜伏キリシタンの指導者たちが多数大浦天主堂を訪れ、宣教師との接触を図りました。「信徒発見」と「神父の発見」、それはまさしく「日本カトリック教会の復活」でした。

約250年の長きに及ぶ禁制下で、カトリックの信仰を守り続けた信徒たちがいたことに世界の人々は驚き、また感激しました。「信徒発見」は世界宗教史上、「東洋の奇跡」と言われるようになりました。「信徒発見」の奇跡は、司祭には希望を、いろいろな場所に身を隠していた潜伏キリシタンには勇気を与えました。この出来事は浦上のキリシタンだけでなく、さまざまな地域に潜み隠れていた多くの潜伏キリシタンにとっての「神父発見」でもあったのです。その後、司祭たちは浦上、平戸、外海、五島などの地域を訪れて潜伏キリシタンの発見に努めました。

当時、日本は幕末の動乱期です。まだ日本人信徒に対する厳しい禁教時代でもありました。司祭たちは夜遅く、教会にひそかにしのび込んでくる信徒たちに秘跡を授けました。外国人司祭の中には、日本の着物を着て、わらじをはいて角帯をしめ、手拭いで頬かぶりするなど、日本人に変装した神父もいたようです。彼らは深夜に「ミサ」をささげ、「ゆるしの秘跡」を授けて夜が明けないうちに天主堂に帰っていました。

★「浦上」は、大浦天主堂から約5キロほど北にある地区です。安土桃山時代の1584（天正12）年から1588（天正16）年にはイエズス会が所有し、カトリック宣教の中心地でもありました。禁教令の下でも聖母マリアに見立てた「マリア観音」を拝む熱心な潜伏キリシタンが多数いました。大浦天主堂で「サンタ・マリアのご像」を拝見した信徒たちの感動の大きさがしのばれます。

浦上には、「カトリック浦上教会」（旧称・浦上天主堂）があります。1914（大正3）年に創建されましたが、1945（昭和20）年に原爆で破壊されました。1959（昭和34）年に再建され、1962（昭和37）年、カトリック長崎大司教区の司教

座聖堂（cathedral）となりました。原爆の脅威を訴える『被爆マリア像』は世界各地を巡回して展示され、現在、世界遺産登録への運動が行われています。『聖アグネスの被爆像』は国連本部にあり、ここを訪れる人々に「原子爆弾の惨たらしさと世界平和」を無言で訴え続けています。

令和元年（2019年）の8月7日には、米国に渡っていた旧浦上天主堂の『被爆十字架』が74年ぶりに、長く保管されていた米オハイオ州ウィルミントン大学平和資料センターから長崎教区（高見三明大司教）に返還され大きな話題を呼びました。高見大司教は「被爆十字架は、原爆を語り伝える揺るぎない証言者になってくれる」と語りました。原爆投下された8月9日の夜、カトリック浦上教会では「被爆十字架」が頭部だけ焼け残った「被爆マリア像」と共に平和祈願ミサ聖祭で奉納されました。ミサの終わりに平和資料センターのマウス所長は日本語で「被爆十字架が世界を平和へ動かすように祈願します」と述べられました。

□ 浦上四番崩れ

1867（慶応3）年と言えば、10月14日に京都で「江戸幕府」最後の将軍・徳川慶喜が「大政奉還」に踏み切り、「朝廷・明治天皇」に政権を返還するに至った時代です。封建的な武士の時代に「別れ」を告げ、近代的な日本国家への第一歩を踏み出した「夜明け」でした。ところが、大政奉還によって「キリシタン禁教令」が解かれたと勘違いした潜伏キリシタンがいたのです。

「信徒発見」の後、大勢の潜伏キリシタンはサンタ・マリアのご像を拝見したいと大浦天主堂を訪れ、キリスト教禁教令が依然として施行されているのにもかかわらず、禁じられたキリスト教信仰を公然と表明するようになりました。浦上の潜伏キリシタンたちは寺請制度を守らず、檀家寺である聖徳寺の僧侶の立ち会いなしに肉親を自分たちの手で埋葬しました。また彼らは、これまで村の者の葬儀を仏教の寺で行っていましたが、いま自分たちの信仰が大浦天主堂で行われている信仰と合致することが分かったので、今後は大浦天主堂で葬儀を行いたいと役人に訴え出ました。そのため、1867（慶応3）

年7月15日、浦上の潜伏キリシタンは徳川幕府によって逮捕されました。多くの潜伏キリシタンが信仰を捨てるようにと、ひどい拷問を受けました。これが世に言う「浦上四番崩れ」です。江戸時代末期に起きた、長崎県の浦上地区における四度目の大規模な潜伏キリシタンへの弾圧事件です。同時に、これは浦上潜伏キリシタンに対する最後の迫害でした。

1868（明治元）年、時代は「明治」に入り、江戸は「東京」に改称されました。しかし依然として、キリシタン禁制は続いていました。江戸幕府が倒れた後も、「禁教政策」は明治新政府が引き継ぎ、名乗り出た信徒を逮捕しました。「浦上四番崩れ」の余波を受け、1868年、浦上キリシタンの中心的な人物114人が、3つの藩（萩66人、津和野28人、福山20人）に分けて配流されました。1870（明治3）年には3,280人もの浦上キリシタンが長崎から追放され、山口県、島根県、広島県といった国内の20藩22カ所に配流されました。キリシタンたちはこの流罪を「旅」と呼びました。家族がばらばらに「流された」人々が大勢いました。親と別れ、夫または妻と別れて、見知らぬ所に連れて行かれ、ひどい難儀をしました。

信徒らは配流された藩で、水責めや火責めなどといった残酷な拷問を受け、棄教を迫られました。特に残酷な拷問は「水責め」で、数センチの氷が張っている池の中に裸で沈められ、意識が遠のくと池から引き上げて蘇生させ、再び水に沈めるということが何回も繰り返されました。大勢の信徒が牢獄で、ひどい飢えと渇きに苦しめられました。食事は一日に、小さな茶碗に梅干しが一つ入ったおかゆが一杯だけでした。水は一切もらえず、渇きのために死ぬ病人も出ました。親の目の前で拷問を受ける子どももいました。

萩市（山口県）に配流された岩永ツルという22歳の女性は、真冬の寒い吹雪の間、腰巻一枚の裸で一週間もの間、冷たい石の上に正座させられました。解放後の1873年、彼女は浦上に帰り、孤児のための教育施設（後の「浦上養育院」）の創始者・岩永マキ（1848-1920）と共に働きました。彼女は1925（大正14）年に死去するまで、その生涯をカトリックの宣教にささげました。

1873（明治6）年にキリシタン禁制の高札が撤去されると、各地に流刑され

ていた浦上の信徒は釈放され、配流からの帰村が許されました。この「浦上四番崩れ」では662人もの信徒が殉教したと言われています。生き残った1,900人は最後まで辛抱強く配流生活を耐え忍びました。しかし悲しいかな、その中には人間の弱さ故に棄教した人々もいました。けれども棄教した人の中には、罪の赦しを願い、償いを果たして以前の信仰に戻った人がいたことも事実です。このような棄教者が帰郷すると、同じ村で生活する上においていろいろと問題を抱えることになります。そのため、浦上村の人々は帰郷するとすぐ、流刑地での出来事はタブーにすることを暗黙のうちに了解し合っていたようです。特に、帰郷した信徒たちが力を入れたのは、赤痢や天然痘で親を亡くしたり、生活が貧しいため親に置き去りにされたふびんな子どもたちを引き取って育てることでした。浦上だけでなく、五島や天草では孤児院が数多く造られました。

　後年、帰郷した信徒たちが「旅」を思い出して、当時の心境を述懐しています。「このようなひどい拷問を受けながら信仰を捨てなかったのは、どうしても神様に背くことができなかったからです。肉体よりも財産よりも、神様から見放されることほどつらいことはないと思ったからです。でも、長きにわたるこの苦しみに耐えて信仰を守ることができたのは、ひとえに神様のお助けがあったからです。神様にお祈りし続けると、神様は必ずやお力を貸してくださると信じていました」。

　1868（慶応4）年には五島の久賀島においても「**五島崩れ**」が起こり、約200人の潜伏キリシタンが狭い牢屋に投獄され、42人の殉教者を出しました。➡牢屋の窄殉教（140ページ）。

□ キリスト教の解禁と信教の自由

　大浦天主堂の宣教師らは明治政府によるこうした残忍な迫害を知り、欧米諸国の在日領事に、潜伏キリシタンへの迫害を中止するように働きかけました。フランス、ポルトガル、アメリカの領事は日本政府の行っている非人間的な政策に強く抗議しました。1873（明治6）年に明治新政府は、キリスト

教禁制の高札を撤去して、各地に配流されていた全信徒を釈放しました。信徒の中には、拷問に耐えて最後まで信仰を守り抜いた大勢の人たちがいました。キリスト教禁制の高札撤去をもって、江戸時代初期から明治初期に至る約250年間に及んだ、日本におけるキリスト教弾圧政策は終焉を告げました。

　大浦天主堂は1875（明治8）年から1879（明治12）年にかけて、解禁後の増加する信徒に対応するため大規模に増改築され、外観もほぼ現在の形になりました。建物は創設時の木造かられんが造りとなり、屋根の上の八角錐の尖塔は中央に1基となりました。外観も内部と同じように、ゴシック様式の建造物になりました。内部は竣工当時の三廊式から、五廊式（身廊と4つの側廊）に拡張されました。身廊と側廊の間にはアーチを連ねた列柱が並び、壮麗なステンドグラスの光が射し込む中央の祭壇は幻想的で実に壮観です。特にステンドグラス越しの光がほんの一瞬ですが、「二十六聖人殉教者」の絵画を照らす神秘的な瞬間があります。堂内にあるステンドグラスは原爆の爆風や災害で修復された部分以外、その多くが改築当時のものとして日本最古のものです。

　正面の祭壇奥に掲げられた鮮やかに輝く『十字架のキリスト』像のステンドグラス（幅1.5m、高さ3m）（写真169ページ）は、復旧された時にフランス・パリのロジェ商会に発注して新たに造り直され、カルメル修道院から寄贈されたものです。（十字架上のキリストの右側に立つ聖母マリア、左側には使徒ヨハネ、そして十字架の下にマグダレナ・マリアがひざまずいています）（ヨハネ19・25参照）。創建当時のものは原子爆弾の爆風によって大破しましたが、現在のものは戦後の復旧工事でパリのロジェ商会によって復元されました。

　1875（明治8）年、天主堂の敷地内にはプティジャン神父によって「羅典神学校」が建設されました。当校の卒業生たちは浦上、平戸、外海、五島列島のほか、九州各地に宣教活動を行い、潜伏キリシタンにカトリックへの復帰を促す原動力になりました。

　1884（明治17）年、プティジャン神父は大浦でその生涯を終えました。神父は日本におけるキリスト教信仰の復活をもたらすために、生涯をささげたのです。神父のご遺体は、大浦天主堂内の中央祭壇の床下に埋葬されました。その埋葬場所は、かつて神父が「信徒発見」の時に祈りをささげていたその場所です。プティジャン神父の墓碑は、大浦天主堂内『日本二十六聖人殉教の図』の下に埋め込まれています。

　1889（明治22）年に発布された明治憲法において「信教の自由」が公認されると、パリ外国宣教会は次第にその宣教網を拡大し、各地に教会を建設していきます。1891（明治24）年には、日本におけるカトリック教会の組織（聖職位階制度）が成立します。東京は大司教区となり、長崎、大阪、北海道は司教区になります。そして1927（昭和2）年、ザビエルに始まる日本のキリスト教史上、日本で初めての司教・早坂久之助（1883-1959）を長崎司教区に迎えることになります。

□ 天主堂の復興とローマ教皇の長崎訪問

　1945（昭和20）年8月9日、大浦天主堂は原爆投下によって破壊されました。原爆の被害とおびただしい爆死者によって、浦上の信徒が受けた苦難は「浦上五番崩れ」とも言われています。しかし幸いにも大浦天主堂は爆心地から離れていたため、建物の倒壊は免れ、時を待たずして修復されました。戦後の1952（昭和27）年には補修して再建され、翌年（1953年）、「国宝」に再指定されました。長崎は、原爆被災を経験した地として、世界平和への祈りを訴え、原爆投下は人類滅亡の脅威であるとして、世界の平和運動家に大きな衝撃を与えました。

　1949（昭和24）年5月、九州行幸中の昭和天皇は長崎県を訪れ、27日には長崎の市街地に入られ、「日本二十六聖人の殉教地」である西坂公園に、しばし、足を止められました。出迎えた長崎市博物館の館長の説明に、昭和天皇は心を揺さぶられたご様子でした。

　1981（昭和56）年2月24日、日本の教会史上初めて来日されたローマ

教皇ヨハネ・パウロ二世は皇居で昭和天皇と会見され、午後には後楽園球場で教皇ミサを司式されました。25日には長崎へ向かい、浦上天主堂を訪れて同教会でミサを司式、この中で15人の新司祭を叙階されました。そのうちの一人に、奈留島出身の隠れキリシタンの末裔がいました。

ローマ教皇の訪日、それは天文18（1549）年8月15日にフランシスコ・ザビエルが日本に初めてキリスト教を伝えた時から待ち望んでいたキリストの代理者の来日でした。翌日の2月26日、長崎市には大寒波が襲来し、日中の気温はマイナス4度まで下がり、視界を遮る猛吹雪の中、市営松山球技場の特設会場では5万7千人余が参列して教皇司式によるミサがささげられました。教皇はその日の午後、大浦天主堂や日本二十六聖人殉教者の処刑地「西坂の丘」などを訪問され、夕方、JALの特別機で日本を離れました。

教皇ヨハネ・パウロ二世は説教の中で「潜伏キリシタン」について、このようにお話しなさいました。

「この地（長崎と天草）の信徒たちは二百年以上もの間、一人の神父も持たず、教会もなく、公けの礼拝もなしに過ごしてきたのです。このような不利な条件にもかかわらず、彼らは不屈の信仰をもって耐え忍び、信仰が代々根強く受け継がれてきたのです。そしてこの地（浦上村）の信徒がついに、信仰を告白したのです。希望と愛のうちに信仰を守り、殉教していった立派な先祖に倣い、愛のうちに立派な行いを育てていってください」。

禁教令による迫害と殉教、そして潜伏時代に辛抱強く信仰を守り続けた潜伏キリシタンの苦難の歴史を刻んだ長崎こそ、教皇が最も訪問を切望された聖地でした。

2016（平成28）年、大浦天主堂は日本で初めて「小バジリカ」としてバチカン（ローマ教皇庁）から認証されました。小バジリカとは、教皇が推薦する宗教的・司牧的に重用な教会のことで、活気に満ちた信仰共同体の中心となっています。世界には多数ありますが、日本では、ここ大浦天主堂のみが、その称号を付与されています。

✝ 旧 羅典神学校

　1875（明治8）年、神学生や日本人司祭の養成を目的として「羅典神学校」がプティジャン神父によって創設されました。正式名称は「長崎公教神学校」です。神学校の校舎を兼ねる神学生の宿舎として建設されました。神学生は、司祭になるために必要な神学・哲学・自然科学などをラテン語で学んでいました。開国後最初の日本人司祭となった神学生は皆、この神学校で学んでいました。講義はすべてラテン語で行われたので、「羅典神学校」と呼ばれました。

　1879（明治12）年には最初の卒業式が行われ、その後、日本人の卒業生はカトリック司祭として長崎や天草地方に残留する潜伏キリシタンの共同体、日本全国の宣教地へと派遣されました。2階建ての羅典神学校の設計者は、あのド・ロ神父です。明治初期に建てられたこの大型の西洋建築は、非常に貴重な建物です。現在はカトリック長崎大司教区が所有し、「キリシタン資料室」として一般公開されています。資料室には、禁教時代に潜伏キリシタンが拝んでいたマリア観音像をはじめ、ロザリオや南蛮鍔、また宗教画や祈とう書などが多数展示されています。

✝ 旧 伝道師学校

　1883（明治16）年、日本人の伝道師養成を目的として「伝道師学校」が創設されました。設計者は羅典神学校と同じく、ド・ロ神父です。多くの日本人伝道師は長崎と天草地方に残留する潜伏キリシタンの集落に派遣され、宣教師に代わって教理を伝えました。当時の伝道師学校は司祭館や修道院としても利用されていました。現在は、「伝統的建造物」として指定されています。

✝ 旧 長崎大司教館

　1863（文久3）年、長崎に赴任したフューレ神父は司祭館を建設します。その後、司祭館は老朽化のため1915（大正4）年にド・ロ神父の設計、鉄川与助の施工で改築されました。この建物には歴代の司教が居住し、長崎司教

区の教区本部として使用されていました。1959（昭和34）年に大司教区に昇格すると、「大司教館」と呼ばれました。その後1962（昭和37）年には司教座聖堂（カテドラル）が浦上教会に移ったため、「旧長崎大司教館」と呼ばれました。2011（平成23）年に長崎県の有形文化財に指定されました。現在は、司祭を目指す神学生の「寄宿学習施設」になっています。

◆「大浦天主堂」は1933（昭和8）年、国の「国宝」に指定。原爆で被害を被りましたが、修復が完成した後の1953（昭和28）年に改めて「国宝」に指定されました。

◆「旧羅典神学校」は1972（昭和47）年、国の「重要文化財」に指定されました。

◆「南山手伝統的建造物保護区」は1991（平成3）年、国の「重要伝統的建造物群保存地区」として選定されました。

◆「大浦天主堂境内」は2012（平成24）年、国の「史跡」に指定されました。

『十字架のキリスト』像
（大浦天主堂内）

大浦天主堂

幼子イエスを胸に抱く聖マリア像
（2019　長崎の教会群情報センター提供）

信徒発見記念の碑（レリーフ）

コラム（12）　長崎・天草地方における主要な修道会

【1】『イエズス会』

　1534年、スペイン出身のフランシスコ・ザビエルやイグナチオ・ロヨラなど6人の同志により創立されました。1540年にローマ教皇パウロ三世の公認を得たカトリック教会の男子修道会です。1549年、同会のフランシスコ・ザビエルによって日本に初めてカトリックの教えがもたらされました。その後、「イエズス会」は江戸時代の初期まで活発に宣教活動を行います。キリシタン時代における宣教師の働きは、非常に大きいものでした。キリシタン大名たちへの授洗、天正遣欧少年使節の派遣、織田信長、豊臣秀吉、徳川家康といった時の権力者に謁見して宣教の許可を取りつけ、宣教に尽力しました。1644年、日本で最後の司祭・小西マンショ神父が殉教を遂げて以降、潜伏キリシタン時代から1905年の日露戦争の終結まで、イエズス会の公的な宣教活動は少ないです。1912年に四年制のカトリック大学「上智大学」（東京）を開学、その後、エリザベト音楽大学（広島）や中学・高等学校などの教育機関のほか、聖イグナチオ（麹町）教会（東京・四谷）や聖ザビエル（山口）教会といった礼拝施設を通して現在も司牧活動を行っています。

【2】『パリ外国宣教会』

　極東地方（東アジアや東南アジア）の宣教のために働く、外国宣教を使命とする教区司祭で組織されたカトリックの「宣教会」です。1653年にフランソワ・パリュー神父らによって創立され、ローマ教皇アレクサンデル七世により公認されました。フランスのパリに本部を置いているので「パリ外国宣教会」、または「パリミッション会」と呼ばれていま

す。

　「パリ外国宣教会」は、幕末および明治以降の日本のカトリック教会再建に多大な貢献をしました。1844年、テオドール＝オーギュスタン・フォルカード神父（1816-85）が日本（琉球＝現在の沖縄県）に初めて到着し、日本への入国の機会をうかがいました。フォルカード神父は1846年に長崎に入国したのですが、上陸は許可されませんでした。1858年、幕府が5カ国（米・英・仏・露・蘭）修好条約を締結し、鎖国体制は崩壊、日本は開国に踏み切りました。これによってフォルカード神父は、日本本土への上陸を許可されました。翌年1859年、日本教区長のセラファン・ジラール神父（1821-67）が日本（江戸）に入国します。1862年には、ルイ・テオドール・フューレ神父（1816-1900）とベルナール・プティジャン神父（1829-84）が横浜に上陸し、1863年には長崎に赴任しました。1864年、プティジャン神父による長崎での「**大浦天主堂**」の完成と、翌年1865年に起きた世紀の大事件「**信徒発見**」は、世界中に大きな驚きをもって伝えられました。明治初期に果たした「パリ外国宣教会」の宣教・司牧における諸活動とその影響は、非常に大きいものでした。

　1884（明治17）年に長崎の大浦で帰天したパリ外国宣教会のプティジャン神父による「信徒発見」が実現して25年後の1909（明治42）年、パリ外国宣教会のヨゼフ・フロジャック神父（1886-1959）が来日します。後年、神父は宮中にてしばしば昭和天皇と面会できる特権を有していました。フロジャック神父は明治・大正・昭和、特に戦後の日本における宣教はもとより、社会福祉事業や教育事業、児童養護施設や知的障害者施設の開設などの多方面で活躍され、その帰天に際しては、日本政府から勲四等瑞宝章が贈られました。

結びに代えて

　1549（天文18）年から1873（明治6）年までの約二世紀以上にわたって、日本にはキリスト教の伝来と繁栄、禁教と弾圧、そして潜伏と復活といった長い歴史がありました。本書は1614（慶長19）年の禁教令に始まり、1873（明治6）年の解禁令で弾圧の終焉を迎えた約250年間のキリスト教の禁教期に焦点を当てた、潜伏キリシタン関連の歴史です。司祭が一人もいない中、神に対して守り通した先祖の尊い信仰が親から子へ、子から孫へと約250年にもわたって脈々と受け継がれてきたのです。

　この驚くべき事実は、世界を感動させました。「宗教史上の奇跡」と言われる所以です。世界史の中でも類を見ない日本のキリスト教の歴史が、ユネスコの「世界文化遺産」として登録されるに至ったのでした。

　16世紀にキリスト教が初めて日本に伝えられ、その後の禁教政策の中で潜伏キリシタンが人目をしのんで信仰を維持し、長崎と天草地方においては厳しい生活環境の下で、既存の社会や宗教と共存しながら固有の文化的伝統を育んでいました。

　「世界文化遺産」に登録された長崎と天草地方の天主堂・教会堂は、ヨーロッパの大聖堂や教会に比べると歴史は浅く、規模も小さいです。しかし「世界文化遺産」としての日本の教会群の背景を学ぶとき、潜伏キリシタン時代の奥深さを知ることができます。「世界文化遺産」に登録された天主堂・教会堂の多くは、キリスト教解禁後に建設されていますが、その前身は潜伏キリシタン時代、宗教指導者の屋敷内に「仮聖堂」（小さなチャペル）として設けられていたものです。天草地域では、アルメイダ神父によって初めて「﨑津教会堂」が建てられました。長崎の出津集落ではド・ロ神父によって初めて小さな木造の「出津教会堂」が建てられました。教会堂を建設するにあたっては、大勢の信徒たちの多大な労働奉仕と寛大な寄付金だけでなく、神父たちの私財の提供がありました。

　神父たちは単に教会を建設して宣教するだけでなく、医療施設や教育機関、そして地元に産業を興したのです。宣教師たちにとって「キリスト教を広める」ことは大事でしたが、それに劣らず神父たちは「恵まれない人に手を差し伸べる」ことを最優先しました。ルイス・デ・アルメイダ神父は「育児院」と日本初の「総合病院」を、ド・ロ神父は女性を保護し、手に職を付けさせるための「出津救助院」を、アレッサンドロ・ヴァリニャーノ神父はセミナリヨ（小神学校）とコレジオ（大神学校）などといった近代的な高水準の教育機関を設置したのです。

　長崎や天草で潜伏キリシタン時代を生き抜いた日本のキリシタンや、ヨーロッパの宣教師たちが残した尊い遺産は、ひとり日本人だけに限ったものではなく、世界の人々のものでもあるのです。この「キリシタン世界文化遺産」は、当時の日本人とヨーロッパ人（スペイン・ポルトガル・イタリアなど）という、人種も文化も全く異なる民族が相互の長所を評価し、尊敬の念をもってなされた真の人間交流の足跡です。国境を越えた人間同士の生き様です。だからこそ、この「キリシタン世界文化遺産」の真価は、世界中で軍拡が進み、戦争や紛争、格差が拡大する現代社会において、特に「核兵器根絶」を訴える今世紀においては、さらに重要なのです。戦争の悲劇は難民や無差別テロ、そして親子の分断を生むだけです。

　今は亡き「長崎・天草地方」の潜伏キリシタンたち、そして宣教師たちは、草葉の陰から「核兵器のない世界」の実現、そして「世界の平和」の到来を今も切に祈願しているにちがいないのです。

『長崎の悲劇を繰り返してはいけない!!』

付記
ふき

付記

※本文中に記載されている (1)『潜伏キリシタン時代の主要人物』、(2)『キリシタン用語』に関する短い説明、そして (3)『キリスト教略史年表』を加筆しました。さらには、潜伏キリシタンへの深い思いと核兵器の廃絶を訴える『教皇フランシスコの訪日』を懐古しました。

（1）潜伏キリシタン時代の主要人物

✝ あまくさ しろう【天草 四郎】（1621-38）本名・益田 四郎（時貞）

江戸時代初期、長崎出身のキリシタン。キリシタン大名小西行長の遺臣・益田甚兵衛（洗礼名ペトロ）の子（という説が有力）。経済的に恵まれ、教養があったようである。幼い頃から才知に優れ、9歳の頃、長崎で学問を修める際に受洗し、洗礼名はジェロニモ（後年にはフランシスコ）と名乗った。四郎にはその賢さや人柄などからカリスマ性があり、小西行長の遺臣らが団結の象徴として四郎を担ぎ出し、「天草・島原の乱」における一揆勢の首領（16歳の最高指揮者）となった。四郎が実際に軍事上の指揮をとったことは疑問視されている。幕府側の総攻撃で 1638 年、原城の陥落時に討ち取られ、その首は一揆勢の首とともに原城大手門前にさらされ、その後、長崎に移されたとも言われる。

★四郎の生涯については諸説ある。四郎の馬印が豊臣秀吉と同じ瓢箪であることから豊臣秀吉の孫（三男・秀頼の落胤（非嫡出子））だという説。また 1638 年にローマにもたらされた報告では、「島原の乱の指導者・天草四郎は天正遣欧少年使節（18 ページ）の一人、千々石ミゲルの息子だ」とうわさされていた。

✝ ありま はるのぶ【有馬 晴信】（1567-1612）

戦国時代から江戸初期にかけての肥前国有馬（現・長崎県）の領主。1571

年に家督を相続し、原城（日野江城の支城）に居住する。1580年、イエズス会巡察師ヴァリニャーノ神父から洗礼（洗礼名・プロタジオ）を授かり、キリシタン大名となる。キリスト教の領内における宣教を保護し、その領地に日本で最初の有馬セミナリヨ（小神学校）を設立する。1582年、従兄弟の千々石ミゲルを天正遣欧少年使節（18ページ）の一員としてローマ教皇のもとに派遣する。1584年には浦上をイエズス会に寄進し、宣教師のために土地を与え、そこに聖堂を建てる。1587年、豊臣秀吉が「伴天連追放令」を発令したときも、晴信は信仰を守り、宣教師を多数領内にかくまい、教会を手厚く保護している。1600年の関ヶ原の戦いでは東軍側につき、徳川家康の信任を得て、朱印船で東南アジア貿易も手がけた。本多正純の家臣・岡本大八の奸策にかかり、1612年所領を没収される。同年、甲斐国（現・山梨県）に追放され死罪を命じられるが、切腹（自殺）はカトリックでは禁止されているため、キリシタンとして斬首され、その生涯を閉じた。

✝ アルメイダ【ルイス・デ・アルメイダ Luis de Almeida】

(1525-83)

戦国時代末期（1552年）に来日（平戸）したポルトガル出身のイエズス会司祭。外科医で、富裕な貿易商人。西洋医学（南蛮医学）を日本に初めて導入した。1555年、平戸に再渡来して、翌年、イエズス会に入会する。1557年、豊後府内（現・大分県）に私財を投じて育児院を、そして日本で初の総合病院を創設した。医療活動や慈善活動に献身し、西洋医学（南蛮医学）を伝えた。現在、「大分市医師会立アルメイダ病院」がある。また「ミゼリコルディアの組」（キリスト教の互助組織）を組織した。1567年に初めて、長崎で医療を通した宣教活動を開始する。1569年に天草で最初の「﨑津教会堂」を建設する。1580年、マカオでイエズス会の司祭に叙階され、3度目の来日後には平戸、生月、春日、有馬、五島、島原、天草などの各地で、宣教と医療活動に専念する。一年余りの宣教活動で500人をカトリック信徒にした。福祉事業家としても知られ、1583年、熊本県天草市で帰天。

付 記

✝ イザベリナ【エリザベト 杉本 ゆり】(1813-93)

「サンタ・マリアのご像はどこ？」。この発言が、「日本キリシタンの復活」という歴史をつくった。プティジャン神父に信仰を打ち明けた女性が杉本ゆりという名の53歳の産婆（助産師の旧称）だったことが、「信徒発見」から75年目に判明する。「大浦天主堂には役人が張り込んでいるから」と、家族は杉本ゆりに教会に行くことを止めたが、ゆりは「パードレ（神父）さまにお会いできれば、私は殺されてもよい」と返答した。彼女の信仰はゆるぎなかった。「浦上四番崩れ」の時、ゆりは子どもや孫たちと共に福山に流刑されるが、帰郷。

✝ ヴァリニャーノ【アレッサンドロ・ヴァリニャーノ Alessandro Valignano】(1539-1606)

安土桃山時代末期（1579年）に来日（島原半島の口之津）した、イタリア出身のイエズス会司祭。ナポリ王国の名家の出身で、イエズス会の巡察師として初期のキリスト教会を指導した。1579年以降3度来日し、有馬と大村、そして豊後（現・大分県）に赴いた。1580年に堺、安土を視察し、織田信長に歓迎され、宣教活動の許可を得た。その後、長崎に戻り、セミナリヨ（小神学校）、コレジオ（大神学校）、ノヴィシアード（修練院）など、日本人司祭養成の教育機関を設立した。1582年の「天正遣欧少年使節」（18ページ）を計画し、実行した。1590年、ローマから長崎に帰国した少年使節を伴い、1591年に豊臣秀吉に謁見する。ヨーロッパから持ち帰った印刷機で、日本に印刷技術を広めた。1603年に離日し、マカオで宣教活動に従事し、同地で帰天した。遺体は聖パウロ教会に埋葬された。日本初期の教会史上、フランシスコ・ザビエルに次ぐ宣教における偉大な宣教師、指導者としてその名をとどめる。名著『日本巡察記』（平凡社）がある。

✝ おおとも そうりん【大友 宗麟】(1530-87)

戦国時代から安土桃山時代にかけて、豊後の国・府内（現・大分県）を治めた

領主。1551年にフランシスコ・ザビエルを招待し、領内での宣教活動を許可、以降キリシタンを保護した。1578年にカブラル神父より洗礼（洗礼名：ドン・フランシスコ）を授かり、キリシタン大名となる。コレジオ（大神学校）や病院を建設する。1582年、天正遣欧少年使節（18ページ）をローマ教皇のもとに派遣し、親類の伊東マンショを使節の正使として参加させた。晩年は大分県津久見に隠棲し、帰天した。その墓所は津久見にある。

✞ おおむら すみただ【大村 純忠】(1533-87)

戦国時代から安土桃山時代にかけての備前の国・大村（現・長崎県）の領主。キリスト教に好意を示す。1538年に6歳で有馬（晴純の次男）家から第17代藩主大村純前家の養子となり、1550年、第18代領主として家督を相続する。1562年、ポルトガル船との貿易のため長崎を開港する。1563年に家臣25人と共にトルレス神父より洗礼（洗礼名：バルトロメオ）を授かり、日本初のキリシタン大名となる。1573年、領内の寺社を破壊し、領民をキリスト教に集団改宗させ、また長崎を「教会領」とした。1580年にはイエズス会に長崎・茂木地区を寄進し、長崎はキリスト教宣教の中心地となった。こうした行為が、後年の「伴天連追放」の契機となった。1582年、有馬晴信、大友宗麟らと共に、甥にあたる千々石ミゲルを天正遣欧少年使節（18ページ）の一員としてローマ教皇のもとに派遣する。1587年病に倒れ、苦しい闘病生活の末、大村市で帰天する。

✞ ガーゴ【バルタザル・ガーゴ Balthasar Gago】(1520-83)

戦国時代（1552年）に来日（天草）したポルトガル出身のイエズス会司祭。日本布教長。平戸では4回、宣教活動を行った。生月の籠手田安昌とその子・安経、また松浦隆信の弟・信実らに洗礼を授ける。2度目の宣教で、キリシタンの数は500人に達した。1562年に離日してインドのゴアに戻り、1583年同地で帰天する。教理入門書を著し、日本での教会用語の基礎を確立した。

✝ カブラル【フランシスコ・カブラル Francisco Cabral】

(1533-1609)

　戦国時代末期（1570年）に来日（天草）した、ポルトガル出身のイエズス会司祭・日本布教長。トルレス神父の後任として日本のすべての教会を巡察した。織田信長に2回謁見し、宣教活動の許可を受けたことで、宣教は大いに発展した。九州で宣教に従事していた頃、大友宗麟に洗礼を授ける。島原や大村では集団改宗を行った。後年、インドのゴアで修道院の院長を務めている時に帰天する。

✝ カミロ【カミロ・コンスタンツォ Camillo Costanzo】(1571-1622)

　江戸時代初期（1605年）に来日したイタリア出身のイエズス会司祭。小倉や堺で活動したが、カミロ神父は1614年にマカオへ追放される。しかしその後、1621年に再び日本へ潜入する。平戸や生月一帯で宣教活動を行い、1622年4月に宇久島で捕縛され、同年9月に田平町の焼罪で生きたまま火あぶりの刑に処せられて殉教を遂げた。現在、殉教地には神父を記念して「焼罪史跡公園」が整備され、「殉教の碑」が建立されている。例年、秋にはこの地で「殉教祭」が盛大に行われている。カミロ神父は日本語、ポルトガル語、オランダ語の3カ国語で説教した。1867年に列福。

✝ こにし マンショ【小西 マンショ】(1600-44)

　江戸時代前期のイエズス会司祭、殉教者。長崎県対馬の出身。小西行長の孫。母・小西マリア（小西行長の娘）は夫（対馬藩主・宗義智）から棄教を迫られるが拒否。その後、離縁されて長崎に移る。マンショは有馬（島原半島）のセミナリヨでキリスト教を学び、1625年イエズス会に入会。1627年、ローマでイエズス会司祭として叙階された。1633年帰国し、大坂と京都で宣教活動に献身。1644年に捕縛され、高山右近の旧領である音羽（大坂と京都の間）で殉教した。小西神父の殉教から明治時代まで、日本には一人の司祭もいなくなり、日本は「潜伏キリシタンの時代」を迎える。

✝ こにし ゆきなが【小西 行長】(1558-1600)

戦国時代から安土桃山時代にかけての肥後・宇土（現・熊本県）の城主。キリシタン大名。1580年頃、豊臣秀吉の直臣となる。1584年、ルイス・フロイス神父から洗礼を受け（洗礼名：アゴスティノ）、キリシタンとなる。秀吉の朝鮮出兵の際には、最前線で活躍し、帰国後の1600年、関ヶ原の戦いでは西軍の大将として奮戦するが、石田三成と共に敗北する。その時切腹を命じられたが、カトリックの教えでは自殺を禁じているため、斬首された。死に臨んでは僧侶の祈りを拒み、処刑された時、キリストとマリアの聖像を胸に納めていたと言われる。石田三成と共に、京都で帰天した。行長の死後37年後に「島原の乱」が勃発、小西氏に仕えていた旧家臣が多数、一揆軍を率いた。その軍の中に天草四郎がいた。

✝ ザビエル【フランシスコ・ザビエル Francisco Xavier】

(1506-52)

戦国時代の天文18（1549）年に来日したスペイン出身のカトリック司祭。イグナチオ・デ・ロヨラ（1491-1556）ら同志たちと共に、イエズス会を創立する。日本に初めてキリスト教を伝えた。薩摩（現・鹿児島県）藩主の島津貴久、平戸（現・長崎県）藩主の松浦信隆、周防（現・山口県）藩主の大内義隆、豊後（現・大分県）藩主の大友宗麟らに相次いで謁見、各大名から宣教の許可を得た。「神」を表す用語として、「デウス」（[ラテン語のDeus]）の言葉を広めた。ザビエルが日本を離れるとき、キリスト教信者の数は2,000人ほどであった。ザビエルの通訳・案内役は、「ヤジロー」という薩摩の下級武士（日本人最初のキリシタン）であった。ザビエルは中国・上川島で帰天、1622年に列聖された。

★ザビエルは平戸では武士の木村家を宿とし、木村家の家族全員が受洗する。1601年、その孫のセバスチャン木村は日本人で最初の司祭となり、潜伏キリシタンの世話をしていたが、1622年、長崎で殉教した。

✝ てつかわ よすけ【鉄川 与助】(1879-1976)

　長崎県上五島出身の建築家。鉄川は当時の尋常小学校を卒業しただけで大学などの専門教育は受けておらず、ド・ロ神父またペルー神父から教会建築の指導を受け、その後、宮大工として約50棟もの教会堂の建設を手がけ、多くの教会の新築や増築に関わった。日本古来の伝統的な建築様式と、西洋の教会堂の建築様式における「和」と「洋」を見事に融合させたその独自性は、「天主堂」建築におけるパイオニアと言える。日本の風土に合わせた独自の技術を開発し、近代日本の教会建築に偉大な足跡を刻んだ。1959年に「黄綬褒章」、1967年に「勲五等瑞宝章」を授与される。鉄川が手がけた建物には、「ユネスコ世界文化遺産」4件、国指定の重要文化財5件、長崎県指定の重要文化財が4件含まれている。多数の教会堂を建設し、1979年に97歳の天寿を全うしたが、鉄川自身は生涯、熱心な仏教徒であった。

✝ トレス【コスメ・デ・トレス［トルレス］Cosme de Torres】

(1510-70)

　戦国時代の天文18(1549)年、ザビエルと共に来日したスペイン出身のイエズス会司祭。1550年より平戸、長崎、島原、大村などで宣教活動を行う。ザビエルが日本を去ったあと、2代目の日本布教長になる。1563年には、大村純忠に洗礼を授けた。純忠は日本初のキリシタン大名となる。トルレス神父は純忠と共に長崎港の開港にも深く関わった。約20年にわたって日本で宣教し、日本におけるカトリック教会の基礎を固めた。平戸から始まったトルレスの宣教の成果は、長崎県内のキリシタン16,400人、教会堂26を数えた。晩年は「善良な老人」として尊敬され、天草下島の志岐で帰天した。

✝ ド・ロ【マルク・マリー・ド・ロ Marc-Marie de Rotz】

(1840-1914)

　明治時代初期(1867)年に、宣教のため来日(長崎)したパリ外国宣教会の宣教師。フランス・ノルマンディーの貴族の出身。1868年、大浦天主堂

の下にあった司祭館に印刷所を造り、宗教（教理）書を印刷して出版した。1873年、大浦天主堂に赴任。翌年、「浦上四番崩れ」の迫害から解放されて戻ってきた浦上の信徒らが伝染病に罹患して苦しむのを見て、献身的に医療活動に挺身した。1874年には、日本で最初の「児童福祉施設」（後の浦上養育院）を造る。1914年に大浦天主堂近くに「大司教館」を、1875年には「羅典神学校」を建設する。1879（明治12）年、外海地区の出津教会堂の主任司祭として赴任し、多数の潜伏キリシタンが居住する外海地区の司牧の任にあたる。建築への造詣も深く、私財（来日時に父親からせん別として贈られた24万フラン［2億6千万円］）を投じて1882年に「出津教会堂」（97ページ）を建設、1883年には「出津救助院」を設立するなど、宣教・福祉活動に尽力した。1893年に「大野教会堂」（106ページ）を建設する。1914年、長崎市の大浦天主堂の大司教館で帰天した。74歳でした。遺体は外海に運ばれ、1898年に自らが信徒のために造った出津集落の共同墓地に、遺言どおり埋葬された。

✝ バスチャン【バスチアン】

第3代将軍・徳川家光（1604-51）の禁教時代に、外海地区で宣教活動をした長崎出身の日本人伝道師。受洗時に殉教者「聖セバスチャン（セバスティアヌス）」の洗礼名を受け、それがなまって「バスチャン」に変わったと言われる。「水方」（➡コラム（4））として受洗者に洗礼を授けた。密告により逮捕され、長崎で3年近く投獄され、拷問の末、斬首されて殉教した。キリシタン信仰を正しく継承するために不可欠な「バスチャン暦（教会暦）」（90ページ）を伝えた。特に外海・浦上・五島の潜伏キリシタンの大きな希望となった、「バスチャンの予言」を残した。出津地区には「バスチャン屋敷跡」（市指定の史跡）が残存する。屋敷は、厳しい迫害の中、逃亡を余儀なくされるために転々と場所を変え、ここを最後の隠れ家とした。外海の黒崎には外海キリシタンの信仰の指導者であり、バスチャンの師であるサンジュアン神父を祀る「サンジュアン枯松神社」（キリシタン神社）があるが、一説にはこれはバスチャンの墓だとも言われている。

付　記

★「バスチャンの予言」——「七代のちに海の向こうからコンチリサン（罪のゆる
し）を聴く司祭がやってくる。その司祭はローマ教皇から派遣され、サンタ・マ
リアを敬愛している」という予言である。潜伏キリシタンたちは、この予言を信
じて、信仰の自由が訪れる日を待ち望みながら長い迫害の時代を耐え続けた。こ
の「バスチャンの予言」は、1865年、プティジャン神父の「信徒発見」によって
現実のものとなった。

✝ ハルブ【オーギュスタン・ピエール・アドルフ・ハルブ
Augustin-Pier-Alphonse Halbout】（1864-1945）
　明治時代中期（1889年）に来日（長崎）した、フランス出身のパリ外国宣
教会司祭。1927年に天草の﨑津に赴任し、17年間、﨑津教会堂の主任司祭
を務める。1883年、禁教時代に絵踏が行われていた庄屋邸の屋敷跡に、最
初の「﨑津教会堂」を建設する。1934年には自身で改築を行い、ゴシック
建築様式の現在の「﨑津教会堂」となる。1945年、56年間という長い宣教
生活を終え、﨑津集落にて帰天した。

✝ フェルナンデス【ジュアン［ファン］・フェルナンデス Juan
Fernandes】（1526-67）
　戦国時代の1549（天文18）年、フランシスコ・ザビエルと共に来日したス
ペイン出身のイルマン（修道士）。日本語を短期間で習得し、ザビエルの通
訳者として活躍する。1日2回、ザビエルと2人で街頭に立ち、福音宣教（辻
説法）を行った。人々に日本語と日本文化を教授する。1564年からは平戸の
天門寺（御宿りのサンタ・マリア教会）に居住し、平戸・山口・京都などで宣
教に専念した。ザビエル離日後は、トルレス神父の通訳や説教師として活躍
する。ザビエルから司祭になるよう勧められたが辞退し、生涯をイルマン
（修道士）として宣教活動に献身した。平戸で帰天した。

✝ **プティジャン【ベルナール・タデー・プティジャン Bernard Thadee Petitjean】**（1829-84）

　幕末に来日した、パリ外国宣教会のフランス人司祭。1860年、那覇に上陸。1862年に横浜、1863年にはフューレ神父と共に長崎に着任する。1864年に「大浦天主堂」（156ページ）を創建する。その直後の1865年、潜伏キリシタンと遭遇し、「信徒発見」（159ページ）の奇跡に巡り合う。1866年、日本初の司教となる。1867年に「浦上四番崩れ」の迫害が起こるが、翌年、明治新政府のキリスト教弾圧政策に対して海外から圧力がかかる。この機会をとらえてローマに赴き、時のローマ教皇ピオ九世やフランス皇帝ナポレオン三世に謁見して、日本のキリシタン保護の支援を求める。1868年、日本に帰国したが、この時の嘆願が欧米諸国を動かし、江戸時代から禁教とされてきた「キリスト教信仰の復活」に多大な貢献をなした。24年間を日本宣教にささげ、1884年、長崎の大浦にて帰天、遺体は大浦天主堂内に埋葬された。主祭壇の脇に墓碑があり、同天主堂の地下で静かに眠っている。

✝ **フューレ【ルイ・テオドール・フューレ Louis Theodore Furet】**（1816-1900）

　幕末の頃（1855年）に来日した、フランス出身のパリ外国宣教会司祭。潜伏キリシタンを司牧した。1863年に長崎に移り、大浦天主堂の建設に先立って「司祭館」を建てる。殉教者を多数輩出した「聖地」長崎に建立する「大浦天主堂」の設計を、プティジャン神父と協力して進め、その建立に尽力した。同天主堂の完成を前に、フランスに帰国する。その後、「信徒発見」のニュースを知ると、1866年にクザン神父と共に長崎に再来日する。長崎奉行が設置した語学所「済美館」でフランス語の講師を務めるかたわら、信徒の世話に献身した。1869年にフランスに帰国し、1900年に帰天した。

✝ **フロイス【ルイス・フロイス Luis Frois】**（1532-97）

　戦国時代（1563年）に来日したポルトガル出身のイエズス会司祭。1569

付　記

年、織田信長に厚遇され、信長とは十数回会見し、宣教の許可を得た。1586
年には大阪城で豊臣秀吉とも会見する。大友宗麟とも親交があった。宣教活
動のかたわら、日本におけるカトリック教会の教勢、出来事、殉教などを
記録として多数残した。平戸や長崎で宣教しながら、「報告者」として30年
余の多年にわたり、活動した。1597年に長崎で起きた「日本二十六聖人の
殉教」に際しては、その一部始終を目撃し、記録にとどめた。これを最後
に、長崎のコレジオ（大神学校）において帰天する。戦国末期から安土桃山時
代にかけての社会、文化、地方に関する研究は高く評価されている。名著
『日本史』（ザビエルの日本上陸から始まる宣教の歴史、日本の教会史）をはじ
め、『日欧文化比較論』、『信長公記』など多数の著作が現存する。

✝ ペルー【アルバート・シャルル・アルセーヌ・ペルー Albert-Charles Alsene Pelu】(1848-1918)

明治時代の初期（1872年）に来日した、フランス出身のパリ外国宣教会司
祭。1865年、長崎・大浦神学校の責任者。外海、平戸、上五島などで宣教活
動を行う。1888年以降は下五島地区で司牧に従事する。1908年の「堂崎天主
堂」をはじめ、多くの教会を建立した。長崎で帰天。

✝ マルマン【ジョゼフ・フェルディナンド・マルマン Joseph-Ferdinand Marmand】(1849-1912)

明治時代初期（1876年）に来日した、パリ外国宣教会のフランス人司祭。
1880年に下五島地区、奄美大島、沖縄を経て、1897年、黒島（佐世保市）に
赴任、1902年には「黒島天主堂」（112ページ）を建立した。女性のカテキス
タ（伝道師）の協力を得て、児童養護施設を開設する。1912年、黒島にて帰
天する。黒島のカトリック信者の共同墓地に眠っている。

✝ ヤジロー【弥次郎】(1511頃-50) ★ザビエルの手紙では「アンジロー」と記載。

鹿児島出身の貿易商人、または下級武士の出身と伝えられる。若い頃に

誤って人を殺し、1456年にマラッカに逃亡する。その後、インド・ゴアの聖パウロ学院でキリスト教を学び、1548年に受洗し、日本人初のキリスト教徒となる。ゴアで1年あまり、ポルトガル語とカトリック神学を学ぶ。後日ザビエルの指導の下、教理書を日本語に翻訳する。1549年、フランシスコ・ザビエルと共に鹿児島に上陸し、以後ザビエルの通訳者となった。ザビエルが日本を去ったあと、潜伏キリシタンとして宣教を続けた。迫害に耐えられず、中国に渡り、同地で帰天した。鹿児島カテドラル・ザビエル記念聖堂前にあるザビエル公園の境内には、ザビエル銅像と並んでヤジロー銅像とベルナルド銅像（ザビエルが最初に洗礼を授けた日本人キリシタン。ザビエルの命でローマに行き、教皇パウルス4世と謁見する日本最初の留学生）が建っている。

✝ ロレンソ りょうさい【ロレンソ 了斎】(1526-92)

日本人イエズス会員。名説教家。平戸の白石の出身。目が不自由であったため、琵琶法師として生計をたてる。1551年にザビエルの説教を聞いて感動し、ザビエルから洗礼を授かり、ロレンソという洗礼名を受ける。その後ザビエルと同居し、ザビエルが日本を離れた後はイエズス会の宣教師を助けて働いた。1563年、イエズス会に入会し、日本人初のイルマン（修道士）となる。1569年に織田信長に謁見し、宣教の許可を受けて九州（大村、五島列島など）地方で宣教活動に従事した。その後、五畿（山城・大和・河内・和泉・摂津）内に戻る。豊臣秀吉とも親交があった。しかし1587年、秀吉による「伴天連追放令」が出ると九州に移り、長崎のコレジオ（大神学校）で帰天した。

付　記

（2）キリシタン用語

✝ イルマン【修道士】

　カトリックの修道会に属し、司祭とともに宣教や司牧活動を補佐する修道士のこと。神に対して3つの誓願（清貧・貞潔・従順）を立て、一生を神にささげる男性。司祭と違って、「ミサ（聖祭）」や「ゆるしの秘跡」（➡コンチリサン）を執り行うことはできない。主として助修士を指す。例えば、ロレンソ了斎（14ページ）、パウロ三木（79ページ）、フェルナンデス（14ページ）などがいた。「イルマン」は、ポルトガル語（irmão「兄弟」の意）に由来する。

✝ えふみ【絵踏】

　棄教させるため、またはキリシタンでないことの証しとして、カトリック信者が信仰の対象として崇める聖画像（イエス像、あるいはマリア像）を足で踏ませる行為のこと。江戸時代のキリシタン検索制度、または拷問の一種で「踏むことでキリシタンではない」とされた。➡コラム（8）
★【踏絵】絵踏をさせるときに使用された「聖画像」のこと。

✝ オテンペンシャ【苦行のための鞭】

　麻縄を束ねたもので鞭を作り、犯した罪の償いのため、また罪の誘惑を退けるため、自らの身体を鞭で打つための信心具。キリシタン時代は悪魔祓いや病魔を退散させるためにも使用され、その後、「御神体」として祀られた。語源はポルトガル語の「ペニテンシャ」（penitencia　悔い改め）。

✝ オラショ【祈り】

　祈りは「神との対話」であることを重視して、在来宗教の「祈とう」と区別するため、潜伏キリシタン用語として用いられた。「オラショ（オラシオ）」

付　記

（2）キリシタン用語

✝ イルマン【修道士】

　カトリックの修道会に属し、司祭とともに宣教や司牧活動を補佐する修道士のこと。神に対して3つの誓願（清貧・貞潔・従順）を立て、一生を神にささげる男性。司祭と違って、「ミサ（聖祭）」や「ゆるしの秘跡」（➡コンチリサン）を執り行うことはできない。主として助修士を指す。例えば、ロレンソ了斎（14ページ）、パウロ三木（79ページ）、フェルナンデス（14ページ）などがいた。「イルマン」は、ポルトガル語（irmão「兄弟」の意）に由来する。

✝ えふみ【絵踏】

　棄教させるため、またはキリシタンでないことの証しとして、カトリック信者が信仰の対象として崇める聖画像（イエス像、あるいはマリア像）を足で踏ませる行為のこと。江戸時代のキリシタン検索制度、または拷問の一種で「踏むことでキリシタンではない」とされた。➡コラム（8）
★【踏絵】絵踏をさせるときに使用された「聖画像」のこと。

✝ オテンペンシャ【苦行のための鞭】

　麻縄を束ねたもので鞭を作り、犯した罪の償いのため、また罪の誘惑を退けるため、自らの身体を鞭で打つための信心具。キリシタン時代は悪魔祓いや病魔を退散させるためにも使用され、その後、「御神体」として祀られた。語源はポルトガル語の「ペニテンシャ」（penitencia　悔い改め）。

✝ オラショ【祈り】

　祈りは「神との対話」であることを重視して、在来宗教の「祈とう」と区別するため、潜伏キリシタン用語として用いられた。「オラショ（オラシオ）」

は信仰の先達から口伝で習い覚え、二代、三代の子孫へと伝承された。16世紀から17世紀にかけては「伝承オラショ」であったが、後年、潜伏キリシタンが必要に迫られて作った「創作オラショ」ができた。唱えるのは男性だけであった。地方によって異なるが、「声を出して唱える」、「つぶやくように唱える」、「歌いながら唱える」などのオラショがあった。「平戸・生月」地域では聖画像の前で念仏のように声に出して唱え、「外海・五島」地域ではマリア観音像の前で声を出さずに唱えた。

★オラショはラテン語であるため、信徒たちにとって「意味は分からなくとも唱えることで神に近づく」ための所作として考えられていた。16世紀に伝わったラテン語の oratio（オラツィオ）に由来する。

✝ カテキスモ［カテキズム］【公教要理】

教理問答書。キリスト教の基本的な教え（教理）を問答方式でやさしく習う教科書（解説書）。受洗の前に行われる入門教育で用いる。キリシタン時代には「ドチリナ・キリシタン」（問答形式で書かれた要理の本）とも言われ、1592年頃と1600年に刊行された。ポルトガル語の catecismo（英語の catechism）から由来する。「カテキスタ」（ラテン語の catechista　英語の catechist）はカトリック要理の教育に従事する者、「伝道師」のこと。

✝ かんくちょう【管区長】

宣教地を地域別に分け、その管区における責任者。または総会長に従属しながら、修道会で定めたある管区を統括する責任者。

✝ かんぼう【看坊】

キリシタン時代、各地にある教会を管理し、信徒の世話や指導をした者を指す。子どもに洗礼を授けたり、病人の慰問や死者を埋葬したりする人。多くの場合、カテキスタ（伝道師）が行う。➡カテキスモ

★元来は仏教用語。禅宗で住職の留守や後見をする僧侶を指す。

✝ **ききやく【聞役】** ➡コラム（4）

✝ **きてん【帰天】**

　キリスト教徒やカトリック信者が亡くなった時の用語。「本来居るべき場所である天に帰る」という意味。聖母マリアの帰天は、「**被昇天**」（神によって天に上げられた）と言う。

✝ **きょうこう【教皇】**

　イエス・キリストの十二使徒の頭であるペトロの後継者。全世界のカトリック教会の信者（13億人）の最高の統治者。ローマの司教、バチカン市国の元首。「パパ（様）」（ラテン語 Papa）という敬称・愛称がある。
　★カトリック教会における聖職者の主な階級。［上位から］**ローマ教皇➡枢機卿➡大司教➡司教➡司祭**

✝ **きょうり【教理】** ➡カテキスモ

✝ **くずれ【崩れ】**

　禁教下の潜伏時代に、厳しい取り締まりや密告によって、キリスト教の信仰を守っている潜伏キリシタンの組織（集団）が大規模に摘発されること。（「崩壊」崩れる・壊れる）。通常は集落単位でキリシタンであることが発覚し、多数の村民が一度に摘発処分される検挙事件。1657（明暦3）年に起きた大村藩の「郡崩れ」（94ページ）が最初で、明治時代初頭の「浦上四番崩れ」（162ページ）が最も規模の大きなもので、その他「天草崩れ」（84ページ）や「五島崩れ」（131ページ）などがある。

✝ **くみ【組】**

　キリシタン時代に形成された信徒による各種の「信心会」のこと。「講」とも称した。次のような「組」がある。

［例］

『ミゼリコルディア（慈悲）の組』──貧者や病人をイエスの教え「隣人愛」に従って助ける信徒の信心会。

『サンタマリア（聖母）の組』──定期的に集合して慈善事業を行う信徒の信心会。特に子どもの信仰教育を行う。

『聖体の組』──聖体（人類の救いのために自らをささげたキリストご自身である「聖別されたパン」）を礼拝し、聖体に対する信心を大切にする信徒の信心会。ミサの中で聖体拝領ができるよう（心の）準備を整える。また殉教者や棄教者のためにも祈る。

『マルチレス（殉教）の組』──殉教に立ち向かえるよう信仰を涵養し、祈りと愛の行いをもって準備する子どもの信徒グループ。

　こうした「組」は、キリスト教の宣教と教勢の広がりに大きく寄与した。また迫害時には信徒同士が助け合い支え合って、殉教も辞さない強い信仰を養い守ることができた。

✝ こうかいぎ【公会議】

　ローマ教皇が教義・典礼・教会法などの信仰道徳に関する重大事項を審議決定する目的で、全世界の司教を集めて開催する最高会議。

✝ こうきょうようり【公教要理】　➡カテキスモ

✝ こもの【小者】

　宣教師や同宿に随伴しながら、彼らの身の回りの世話をしたり、使い走りをする一般信徒。➡同宿

✝ コレジオ【大神学校】

　司祭を養成するための最高学府。
★1580年にイエズス会巡察使ヴァリニャーノ神父によって豊後府内（現・大分県大

分市）に、イエズス会の会員・司祭養成のための「高等教育機関」として設立された。後年、禁教令や伴天連追放令などにより、天草、長崎などに移転する。1614年には閉鎖された。哲学・神学・宗教学・自然科学・ラテン語などの学科を教授した。現在の「大神学校」に当たる。「小神学校」（セミナリヨ）の課程を終了し、「修練院」（ノヴィシアード）を終えてから入学する。ポルトガル語（colégio）に由来する。別名「コレジヨ」。➡セミナリヨ／ノヴィシアード

✝ コンチリサン【罪のゆるし】

犯した罪を心から悔い改め、神に赦しを請う祈り。キリスト信者が自分の罪を「司祭」に告白し、「神の赦し」をいただくこと。過去には「告解」、現在では「ゆるしの秘跡」と言う。

★禁教時代に司祭不在の時、潜伏キリシタンたちがやむを得ず「絵踏」（➡コラム（8)）を行った時など、家に帰ると「コンチリサン」を求めながら「オラショ」を唱えていた。彼らは「司祭不在で懺悔ができない時、コンチリサンを唱えて深く悔いれば罪はゆるされてパライソ（天国）に行ける」と固く信じていた。「コンチリサンとバスチャンの予言（付記（1）（10ページ））がなければ、潜伏キリシタンの信仰は途絶えていた」とも言われる。

【注】イエズス会のポルトガル宣教師で日本司教であった神学博士ルイス・デ・セルケイラ（1552-1614）が、1603年、長崎で『こんちりさんのりやく』を出版した。その序文に、次のように記載されている。

「人にとって大事なことは霊魂が救われることです。……罪の告白をお聴きくださる司祭がおられない所で罪に落ちたキリシタンは、コンチリサン（完全な罪科の後悔）を唱えれば、その罪は赦され、イエスの恩寵をいただけます」。

✝ コンヒサン【告解の秘跡】

現在は「ゆるしの秘跡」と言う。ポルトガル語（confissão：コンヒサン）に由来する。　➡コンチリサン

✝ コンフラリア【兄弟会・信心会】

各地に根付く信徒組織。キリスト教の禁教令以前から地域ごとに形成していた信心会のことで、信仰を強化しながら奉仕活動や慈善救済活動に励んでいた。現在で言う「ボランティア活動」に従事する目的で組織された。潜伏期のキリシタン時代には、司祭や宣教師なしでもやっていける宗教共同体として機能した。この集団が「信仰維持のための組織」になり、組頭を中心に教義や祭儀の維持を図った。

✝ コンタス／コンタツ　➡ロザリオ

✝ サクラメント【秘跡】

カトリック教会では「七つの秘跡」がある。[1]洗礼　[2]堅信　[3]聖体　[4]ゆるしの秘跡　[5]病者の塗油　[6]叙階　[7]婚姻（結婚）。

✝ さんみいったい【三位一体】

『父なる神、神の子救い主イエス、聖霊』の三つの区別された位格が一体の神であるという教理。

✝ しきょう【司教】

イエスの使徒たちの後継者。「ローマ教皇」から任命され、一定地域を総括し、教区の信徒を正しく教え導く教会の責任者。「司教」のみが「司祭（神父）」を任命（叙階）する権利を有する。司教が居住し執務する建物を「司教館」、司教が管轄する区域を「司教区」、司教の椅子（カテドラル）が置かれている聖堂（教会）を「司教座聖堂」（Cathedral）と言う。長崎では1962年に、「浦上教会」がカトリック長崎大司教区の司教座聖堂となっている。➡教皇

付記

✝ しさい【司祭】

「司教」に協力してイエスの教えを伝え、「信徒」を世話し、「ミサ（感謝の祭儀）」（➡コラム（10））や「罪のゆるし」（➡コンチリサン）などの秘跡を執り行う。「神父」の呼称。教会の規模に応じて、「主任司祭」を助ける「助任司祭」が配置される。司祭が居住する建物は「司祭館」と言う。➡教皇

✝ しゅうどうかい【修道会】

イエス・キリストに生涯をささげて共同生活する男子、または女子の団体。入会するときに三つの誓願（清貧・貞潔・従順）の誓いを立て、イエスの教えに従って生活する。修道会の種類によって、宣教、医療、福祉、教育、観想、出版、托鉢など、さまざまな活動形態がある。修道会に入会するために誓願を立て、会の規則である会憲に従って共同生活をする男子を「修道士」、女子を「修道女」と言う。

✝ しゅうどうし【修道士】　➡イルマン

✝ じゅんさつし【巡察師】

ローマ教皇あるいは修道会（イエズス会）の長上（教区長）から宣教地に「特使」として派遣され、指定地域の宣教状況（信仰・道徳・規律など）を公式に視察する人のこと。視察状況を報告する義務を負う。また宣教先の現地での課題や問題について、対策を講じる権限が委ねられている。例：ヴァリニャーノ神父（17ページ）。

✝ しんじゃ【信者】

カトリックでは司教、司祭、修道者、信徒の総称。

✝ しんと【信徒】

カトリックでは司教、司祭、修道者以外の信者の総称。

✝ しんぷ【神父】

　カトリック司祭のこと。「神父」は司祭の尊称、「司祭」は教会行政上の神父の呼称。➡伴天連／司祭

✝ すうききょう【枢機卿】

　ローマ教皇の特別顧問。教皇を選ぶ選挙権を有する（80歳未満）。➡教皇

✝ せいしょくしゃ【聖職者】

　カトリックでは司教、司祭、助祭の総称。

✝ セミナリヨ【小神学校】

　宣教師（司祭・修道士）を養成する初等教育機関。

★1580年、イエズス会巡察師ヴァリニャーノ神父が有馬と安土に、イエズス会の司祭、修道士養成のための「初等教育機関」として設立した。これは日本で初のセミナリヨであり、カトリック信徒の少年（7歳から17歳）を対象とした全寮制の学校であった。ラテン語、日本語、日本文学、絵画、音楽（グレゴリオ聖歌）などの学科が重視された。後年、天正遣欧少年使節（18ページ）のうちの3名（原、中浦、千々石）も在籍した。禁教令のため、1614年に閉鎖された。現在の「小神学校」に相当する。ポルトガル語（seminario）に由来する（英語のseminary）。別名「セミナリオ」。➡ノヴィシアード／コレジオ

✝ せんきょうし【宣教師】

　キリスト教の教えを広く宣べ伝えるべく、宣教のため国外に派遣される司祭や修道士のこと。

✝ せんれい【洗礼】

　「父と子と聖霊」（三位一体）のみ名のもとに、額に水が注がれ、「神の子」となり、カトリック教会共同体の一員となるための秘跡。神から信仰の恵み

をいただき、受洗前の罪深い生き方を悔い改めて再生し、信徒として公認される。「洗礼名」（以前の呼称は、「霊名」：Christian name）を受ける。受洗前には「カトリック要理」（古くは「公教要理」と言われていた）」（カテキズム）を学ぶ。

➡カテキズム

✝ だいしきょう【大司教】

規模の大きな教区を統括する司教を言う。日本では長崎、東京、大阪の3つの大司教区に在籍する。➡教皇／司教

✝ ちょうかた【帳方】 ➡コラム（4）

✝ デウス【神】

Deus（ラテン語）；God（英語）

キリスト教が日本に伝来した当初は、「神」に該当する呼称がなく、「大日」（密教の本尊である「大日如来」）を神の訳語として用いていた。ザビエルはラテン語の原語である「デウス」（「神」の意味）を使用した。別名「天主」。➡ザビエル（付記（1））／天主

✝ てんしゅ【天主】

キリシタン時代は、キリスト教の「神」を表すラテン語「デウス」の訳語。1959年の「カトリック教区長会議」において、「デウス」の訳語を「神」に統一した。それに伴って「天主堂」は、「教会堂」または「聖堂」の呼称に変わった。➡デウス

✝ てんしゅどう【天主堂】

カトリックの教会堂・聖堂のこと。中国や朝鮮半島で、教会堂を指す言葉。日本では幕末の頃、長崎や横浜で外国人宣教師が「教会堂」を建設する時に用いられた。プティジャン神父は、長崎には司祭不在の中にあっても信仰

を守り続けているキリシタンの子孫が存在する可能性を信じて、建立した大浦天主堂に漢字で「天主堂」という扁額を掲げた。そして神父の予想どおり、それは250年ぶりの「信徒発見」へとつながった。➡天主

✝ てらうけせいど【寺請制度】

キリシタン禁教令が発布された江戸時代、住民を全て仏教徒として宗門改帳に記帳し、いずれかの寺に仏教信徒として所属させた制度。

★「寺請（状）」とは仏教に帰依したことの証明書。非キリシタンであるという証明として、奉行所に提出した。➡コラム（6）

✝ ドチリナ・キリシタン

キリシタン時代の教義・教理問答書。Doctrina Cristão（ポルトガル語）。

➡カテキズム

✝ どうじゅく【同宿】

司祭や修道士を助けて、福音宣教の任に当たる日本人伝道師のこと。外国人宣教師に代わって手伝い（通訳）、キリシタンの教えを説いたり、一般の信徒に説教したりした。修道会には属していないが、教会などの施設で司祭とともに居住し、教会の仕事や司祭の行うさまざまな仕事を補助した。同宿からイルマンやパードレになる者もいた。

★元来は、仏教用語で「お坊さん（宿坊の責任者の僧侶）に仕える若者」のこと。

➡イルマン／パードレ／小者／看坊

✝ なんど【納戸】

潜伏キリシタンが信心具をひそかに隠していた密室。

✝ なんどがみ【納戸神】

潜伏キリシタンが崇敬の対象とし、納戸にひそかに祀っていた神（御神体）。禁教時代に平戸や生月などの隠れキリシタンが崇拝したキリストや聖母マリアの「聖画」や「掛け軸」、または「聖像」や「メダイ」のこと。これらの「御神体」を納戸に飾って礼拝し、オラショ（祈り）をささげたことから、「納戸神」と呼ばれる。中江ノ島（73ページ）から採取した「聖水」なども「納戸」に祀っていた。

✝ ノヴィシアード【修練院】

イエズス会に入会した会員が修練長の指導の下に1年間、修業と祈りに努める養成機関のこと。修道者になるための最初の養成機関である。1580年、イエズス会によって豊後国臼杵（現・大分県臼杵市）に設置された。その後、長崎、天草、平戸などに移動して養成活動を行ったが、1614年、禁教令により閉鎖される。ポルトガル語（noviciado）に由来する。

✝ バテレン【伴天連】

キリスト教が伝わった頃に使用された「カトリック司祭」（Catholic priest）のこと。口語では「神父」（father）と言う。戦国時代末期から第3代将軍・徳川家光の治世までの約一世紀の間に来日した、ヨーロッパのキリスト教宣教師を指す。ポルトガル語のpadre（パードレ）がなまったもの。キリスト教の信者一般を指すこともある。1587年、豊臣秀吉によって「伴天連追放令」が発布された。➡20ページ

✝ パードレ【神父】 ➡バテレン

✝ ひぐり【日繰り】 ➡コラム（4）

✝ ふっかつ【復活】

「信徒発見」（159 ページ）以降、潜伏キリシタンたちが信仰を表明し、改めて洗礼を受けてカトリック信者になることによって、カトリック教会に復帰すること。本来は、『キリストの復活』（キリストが十字架上で死去し、三日目によみがえったこと）になぞらえている。

✝ ふみえ【踏絵】 ➡絵踏

✝ ペニテンシャ

「ゆるしの秘跡」 ➡コンチリサン／オテンペンシャ

✝ まりあかんのん【マリア観音】

聖母マリアを擬した観音菩薩像のこと。禁教時代、潜伏キリシタンが崇敬していたマリア観音像。➡コラム（7）

✝ マルチル（martyr）

殉教（者）。「殉教」はマルチリヨ（matyrdom）とも言う。➡コラム（3）

✝ みずかた【水方】 ➡コラム（4）

✝ ミゼリコルディアのくみ【ミゼリコルディアの組】

慈善のための信心会。キリシタン時代に、キリスト教の精神に基づき、病人の介護、貧者の救済、死者の埋葬などの教会奉仕を目的とした信心会。
★ 1240 年頃にイタリアで始まる。日本には 1583 年、長崎に本部が創設された。1591 年にハンセン病者のための医療施設や養老院、育児院などを運営する。活動の中心は、女性信徒であった。「ミゼリコルディアの組」は、日本における福祉事業の先駆けである。

misericordia（ラテン語）、また mercy（英語）は「慈悲」の意味で、「慈悲

付　記

の組」とも呼ばれる。

✝ むげんざい【無原罪】

人間はすべて「原罪（アダムとイブから受け継がれた罪）」を持って生まれるが、神の子を宿された聖母マリア（➡コラム（7））だけは、原罪を無くして生まれたという教理。これを「無原罪」と言う。「無原罪の聖母マリア」と呼ぶ。

✝ メシア（Messiah）

キリスト、救い主のこと。ヘブライ語で「油を注がれた者」という意味。

✝ メダイ

メダル（medal）の意味。聖母マリアや聖人の聖像、また十字架などを鋳造したもの。例えば、あるメダイには表面に「キリスト像」、裏面には「聖母マリア像」が浮き彫りにされている。

✝ ゆるしの秘跡

カトリック信者が自分の罪を司祭に告白し、神のゆるしをいただく式。

➡コンチリサン / コンヒサン

✝ ようり【要理】

キリスト教の教えをまとめたもの。➡カテキスモ

✝ ロザリオ

祈りの回数を数えるために用いる数珠。ロザリオは、カトリック教会の中で古くから愛されてきた祈りである。ロザリオの珠を繰りながら、キリストの生涯に現れた神のいつくしみの神秘を聖母マリアと共に黙想する。

★「ロザリオの祈り」——キリストの降誕と十字架上の死、そして復活までの出

来事を 14 の項目に分け、その場面を黙想しながら「主の祈り」（最初の 1 個の珠）と「アヴェ・マリアの祈り」（続く 10 個の珠）、そして最後の「アヴェ・マリアの祈り」を唱えたら、「栄唱」を 1 回唱えて終了する。これを「1 連」という。5 連が連なったロザリオの場合、先端の「十字架」で「使徒信条」を、次に最初の珠で「主の祈り」を、続く 3 個の珠で「アヴェ・マリアの祈り」を唱え、メダイの前にある最後の珠で「栄唱」を唱える。16 世紀にイエズス会宣教師によって初めて日本にもたらされた。ラテン語の rosarium（「バラの冠」の意）から由来する。キリシタン時代には「コンタツ／コンタス」（ポルトガル語の contas（「数える」の意）とも呼ばれた。

【天主堂［教会］における主要な建築関連用語】（本書で使用されている建築用語）

会堂　「身廊と側廊」のある場所。

ゴシック様式　12 世紀後半、フランスを発祥とする豪華な建築様式のこと。例：「ノートルダム大聖堂」。

祭壇　宗教儀式（ミサ聖祭など）を行うときに、パン（ホスチア）をキリストのおんからだである「聖体」に、また、ぶどう酒をキリストの「おん血」に変容する際の儀式に用いる、長方形のテーブルのこと。司祭が祈りをささげる時にも使用する。「最後の晩餐」を再現するための「食卓」の意味がある。

身廊　教会の入り口から内陣に至るまでの中央の主要部分。

聖櫃　ご聖体を安置する箱状の容器。祭壇近くにあり、聖櫃は「人間の間に住まわれる神の家」として最も神聖なもの。

付 記

側廊 柱で区切って設けられた廊下のような部分。

内陣 聖堂内で、「祭壇」が置かれてあるエリア。

ナマコ壁 壁面に平瓦を並べて貼り付け、瓦の目地（継ぎ目）に白漆喰を蒲鉾形に盛り付けて塗る工法。目地の盛り上がった形が、海のナマコ（海鼠）に似ていることからこの名前が付いた。

バロック様式 16世紀から17世紀にかけてイタリアで興った、壮麗な建築様式。例：「バチカンのサンピエトロ大聖堂」。

リヴ・ヴォールト天井 アーチ（円形状）天井を支える構造。横断アーチとその対角線のアーチをリヴとし、その隙間をセルによって覆うヴォールト（組積み造り）のこと。コウモリ傘のような形状から「コウモリ天井」とも呼ばれる。日本語では「肋骨穹窿」と訳す。

（3）キリスト教略史年表

<ruby>きょうりゃくし<rt></rt></ruby><ruby>ねんぴょう<rt></rt></ruby>

【室町・安土桃山時代】

《第1期》キリシタン時代

1549 ［天文 18］年	フラシスコ・ザビエルが日本にキリスト教を伝える。
1550 ［天文 19］年	ザビエルが平戸で宣教を始める。
1563 ［永禄 6］年	大村純忠が日本初のキリシタン大名となる。
1566 ［永禄 9］年	五島でアルメイダとロレンソが宣教を開始する。
1569 ［永禄 12］年	織田信長がルイス・フロイスに宣教を許可する。
1580 ［天正 8］年	有馬にセミナリヨ（小神学校）を設立する。
1582 ［天正 10］年	天正遣欧少年使節がローマに向かう。1590 年帰国する。 織田信長の死去（本能寺の変）。
1587 ［天正 15］年	豊臣秀吉がキリスト教を禁止する。**伴天連追放令を発布する。**
1597 ［慶長 2］年	**日本二十六聖人殉教者**が長崎にて処刑される。

【江戸時代】

《第2期》潜伏キリシタン時代

1600 ［慶長 5］年	関ヶ原の合戦で西軍が敗北。小西行長が処刑される。
1601 ［慶長 6］年	徳川家康、宣教師の長崎居住を許可する。**日本初の司祭**（木村セバスチャン）の叙階。
1603 ［慶長 8］年	徳川幕府を開く（家康が将軍職に就任）。
1614 ［慶長 19］年	幕府は全国に禁教令を発令する。宣教師や高山右近らがマカオのマニラに追放される。
1622 ［元和 8］年	**元和の大殉教**が起こる。長崎で信徒らが処刑される。
1628 ［寛永 5］年	**絵踏**が長崎で始まる。
1633 ［寛永 10］年	中浦ジュリアン、長崎で殉教する。

付　記

1637 ［寛永 14］年　**島原の乱**が起こる。(〜1638)

1639 ［寛永 16］年　ポルトガル船の入港が禁止される。鎖国体制が完成。

1644 ［正保元］年　国内最後の宣教師、小西マンショ神父が殉教。これにより
　　　　　　　　　　国内に司祭は不在となる。

1797 ［寛政 9］年　迫害を逃れて外海地方（大村藩農民）から五島列島へとキリシ
　　　　　　　　　　タン移住。

1805 ［文化 2］年　**天草崩れ**が起きる。キリシタン 5,500 人が検挙される。

1854 ［嘉永 5］年　日米和親条約が締結。鎖国が終焉を迎え、日本は開国する。

1858 ［安政 5］年　**絵踏**が廃止される。日米修好通商条約の締結。

1864 ［元治元］年　**大浦天主堂**が完成する。

1865 ［元治 2］年　大浦天主堂の献堂式挙行。浦上の信徒が信仰を表明する（**信
　　　　　　　　　　徒発見**）。

1867 ［慶応 3］年　浦上四番崩れが始まる。徳川幕府が終わる（大政奉還）。

【明治・大正・昭和・平成・令和時代】

《第3期》復活キリシタン時代・隠れキリシタン時代

1868 ［明治元］年　五島崩れが久賀島から始まる。明治維新。「明治」と元号が改
　　　　　　　　　　まる。

1870 ［明治 3］年　3,000 人以上の浦上の信者が 21 の藩に配流される。1873 年に
　　　　　　　　　　解放され、帰村。

1873 ［明治 6］年　**キリスト教が解禁**され、キリシタン禁制の高札が撤去される。

1880 ［明治13］年　復活キリシタンによって教会堂が多数建立される。

1885 ［明治18］年　教皇レオ 13 世、明治天皇に親書を送る。

1889 ［明治22］年　明治憲法（大日本帝国憲法）が宗教の自由を保証する。

1919 ［大正 8］年　日本と教皇庁との外交関係が樹立する。

1921 ［大正10］年　皇太子・裕仁殿下、教皇ベネディクト 15 世に謁見する。

1945 ［昭和20］年　広島・長崎に原爆投下。終戦。

1953 ［昭和18］年　皇太子・明仁殿下、教皇ピオ 12 世に謁見する。

1981［昭和56］年　教皇ヨハネ・パウロ2世が初めて日本を訪問。被爆地・広島と長崎を訪れる。

2018「平成30］年　「長崎と天草地方の潜伏キリシタン関連遺産」がユネスコ世界文化遺産に登録される。

2019［令和元］年　教皇フランシスコが訪日し、長崎を訪れる。

教皇フランシスコの訪日

　第266代教皇フランシスコは、令和元年（2019年）11月23日から26日まで来日されました。1981年のヨハネ・パウロ2世の訪日以来38年ぶりでした。
　24日には被爆地の長崎と広島を訪問され、長崎市の「爆心地公園」、広島の「平和記念公園」から世界に向けて演説し、それぞれ「核兵器の廃絶」を強い言葉で訴えました。
　教皇は西坂公園の「二十六聖人記念碑」を訪れ、午後には長崎県営野球場にて約3万人規模のミサ聖祭を執り行いました。スピーチの中で教皇フランシスコは二十六聖人殉教者の一人である「パウロ三木」の名を何度も（4回）繰り返し触れられました。➡79ページ（パウロ三木）
　25日には東日本大震災被災者、また福島第一原発事故の避難者らと面会され、その後、天皇陛下と会見され、総理大臣とも会談されました。午後には東京ドームで約5万人規模のミサ聖祭が執り行われました。
　26日にはローマに帰国されました。

● 教皇フランシスコは長崎市の「爆心地公園」のスピーチで次のように述べられました。
　「この場所は、私たち人間がどれだけひどい苦痛と悲しみをもたらすかを深く認識させます。長崎は、核兵器が環境と人間に対していかに悲劇的な結末をもたらしたかを証言する町です。……核兵器から解放された平和な世界こ

そが、数え切れない全ての人が熱望するものです。無関心に流され、過去の過ちを繰り返さないよう、この場所を記憶にとどめましょう」。

● 　長崎では、激しい雨が降る爆心地公園に立ち、「核兵器は、今日の国際的また国家の安全保障への脅威から私たちを守ってくれるものではない、そう心に刻んでください」と強く訴えました。

広島では、「核戦争の脅威で威嚇することに頼りながら、どうして平和を提案することができるのでしょうか。真の平和とは、非武装の平和以外にありません」と世界に呼びかけました。

● 　教皇フランシスコは、スピーチをこのように結ばれました。「原爆と核実験とあらゆる紛争のすべての犠牲者の名によって、声を合わせて叫びましょう。『戦争はもういらない！　兵器の轟音はもういらない！　こんな苦しみはもういらない！』。破壊があふれた場所に、今とは違う歴史を描き実現する希望があふれますように‼」。

長崎と広島のみならず、長きにわたり核兵器の廃絶を訴えてきた世界の人たちは、国境を越える教皇フランシスコの発信力に大きな期待を寄せました。

● 　天皇陛下と会見された時、教皇フランシスコは「9歳の時、両親が長崎と広島の原爆の悲惨なニュースを聞き、涙を流していたことが心に刻まれています」と述べられました。また日本在住の神父によれば、「教皇にとって、日本は若い頃に宣教師として赴任を希望していた『あこがれの国』でもありました」と語っていました。38年ぶりの短い訪日を終え、教皇フランシスコは帰国の途につきました。

■主要参考文献
・『新カトリック大事典』（第1巻〜第4巻）研究社。
・遠藤周作『切支丹時代　殉教と棄教の歴史』小学館　1992年。
・遠藤周作『沈黙』新潮社　1966年。
・遠藤周作／三浦朱門『キリシタン時代の知識人』日本経済新聞社　1967年。
・遠藤周作『かくれ切支丹』角川書店　1980年。
・安高啓明『踏絵を踏んだキリシタン』吉川弘文館　2018年。
・吉村豊雄『潜伏キリシタン村落の事件簿』清文堂出版　2017年。
・宮崎賢太郎『カクレキリシタン・現代に生きる民俗信仰』角川ソフィア文庫　2018年。
・宮崎賢太郎『カクレキリシタンの実像』吉川弘文館　2017年。
・宮崎賢太郎『潜伏キリシタンは何を信じていたのか』KADOKAWA　2018年。
・宮崎賢太郎『カクレキリシタンの信仰世界』東京大学出版会　1996年。
・原武史『昭和天皇』岩波新書　2008年。
・原武史『昭和天皇実録を読む』岩波新書　2015年。
・古野清人『隠れキリシタン』至文堂　1966年。
・後藤真樹『かくれキリシタン　長崎・五島・天草をめぐる旅』新潮社　2018年。
・山崎信二『長崎キリシタン史』雄山閣　2015年。
・松川隆治『天地始まりの聖地長崎外海の潜伏キリシタンの世界』批評社　2018年。
・松尾潤『祈りの記憶　長崎と天草地方の潜伏キリシタンの世界』批評社　2018年。
・森禮子『キリシタン史の謎を歩く』教文館　2005年。
・西南大学『島原半島の信仰と歴史』2017年。
・浅見雅一『概説　キリシタン史』慶応義塾大学出版　2016年。
・大橋幸泰『潜伏キリシタン、江戸時代の禁教政策と民衆』講談社　2014年。
・池田勉『長崎・天草　潜伏キリシタン祈りの里』朝日新聞出版　2018年。
・長崎県『長崎学・キリシタン文化Ⅰ〜Ⅵ』（1巻〜6巻）長崎文献社　2006年・2018年。

付　記

・繁延あづさ　『長崎と天草の教会を旅して』　マイナビ　2017年。
・平成28年天草市世界遺産推進事業　『天草﨑津集落と今富・大江・長崎外海』。
・片岡千鶴子　『キリシタンの潜伏と信仰伝承』　長崎純心大学　2012年。
・片岡弥吉　『かくれキリシタン　歴史と民俗』　NHKブックス56　1967年。
・片岡弥吉　『長崎のキリシタン』　聖母の騎士社　1989年・2015年（第15刷）。
・片岡弥吉　『踏絵・かくれキリシタン』　智書房　2014年。
・木方十根・山田由嘉里　『長崎の教会堂』　河出書房新社　2016年。
・脇田安大　『大浦天主堂物語』　聖母の騎士社　2016年。
・吉田さらさ　『長崎の教会』　JTBパブリシング　2015年。
・山本博文　『殉教　日本人は何を信仰したか』　光文社　2009年。
・アンジェラ・ヴォルペ　『隠れキリシタン』　南窓社　1944年。
・フーベルト・チースリク／太田淑子　『日本史小百科：キリシタン』　東京堂出版　1999年。
・カトリック長崎大司教区（監修）　*Guide To Pilgrimage Sites and Churches in Nagasaki*　長崎文献社　2007年　2017年（第3刷）。
・日本カトリック司教協議会（監修）　*Full Sail With the Wind of Grace* Don Bosco Press　2008年。
・Stephen Tumbull *Japan's Hidden Christians: Open Christianity in Japan*（Volum 1）Japan Library 2000.
・Stephen Tumbull *Japan's Hidden Christians: Secret Christianity in Japan*（Volum 2）Japan Libray 2000.
・John Dougil *In Search of Japan's Hidden Christians* Tuttle Publishing 2012.

●著者・校閲者の略歴

【著者】山口百々男（成城教会所属信徒）

大阪星光学院中学・高等学校およびサレジオ学院高等学校の元教頭。旧通訳ガイド養成所（現・文際学園日本外国語専門学校および大阪外語専門学校）の元初代校長兼理事（創業に参画）。全国語学ビジネス観光教育協会（元理事）付属観光英検センター顧問（観光英検1級問題作成委員）。全国専門学校日本語教育協会元理事。英検1級2次面接元試験官。

著書

『和英・日本の文化・観光・歴史辞典（改訂版）』（三修社・カシオ電子辞書版）。『和英・日本文化辞典（第18刷）』（the Japan Times　日本図書館協会選定図書）。『和英・日本のことわざ成語辞典』（研究社）など多数。

【校閲者】二牟礼勉（秋田土崎教会所属信徒）

上智大学大学院修士課程修了。
聖霊女子短期大学英語科名誉教授。

著書

『英語への細道』（近代文芸社）。複眼的視野からの文化・文学・ことばのエッセイ集。

長崎と天草地方の潜伏キリシタン関連遺産
——日本のユネスコ世界文化遺産——

著　者 ―― 山口　百々男

発行所 ―― サンパウロ

〒160-0011　東京都新宿区若葉 1-16-12
宣教推進部（版元）Tel. (03) 3359-0451　Fax. (03) 3351-9534
宣教企画編集部　　Tel. (03) 3357-6498　Fax. (03) 3357-6408

印刷所 ―― 日本ハイコム ㈱

2020 年 3 月 19 日　初版発行

© Momoo Yamaguchi 2020　Printed in Japan
ISBN978-4-8056-6417-9 C0026 （日キ販）
落丁・乱丁はおとりかえいたします。